PPP 模式理论与实践系列丛书

PPP项目

绩效考核实操指南

PPP XIANGMU JIXIAO KAOHE SHICAO ZHINAN

陈青松　宋映忠　陈轶群◎编著

经济管理出版社

ECONOMY & MANAGEMENT PUBLISHING HOUSE

图书在版编目（CIP）数据

PPP 项目绩效考核实操指南/陈青松，宋映忠，陈轶群编著 . —北京：经济管理出版社，2019. 8

ISBN 978 - 7 - 5096 - 6728 - 6

Ⅰ. ①P…　Ⅱ. ①陈…　②宋…　③陈…　Ⅲ. ①政府投资—合作—社会资本—指南
Ⅳ. ①F830. 59 - 62 ②F014. 391 - 62

中国版本图书馆 CIP 数据核字（2019）第 137212 号

组稿编辑：申桂萍
责任编辑：刘　宏　曹金龄
责任印制：黄章平
责任校对：赵天宇

出版发行：经济管理出版社
　　　　　（北京市海淀区北蜂窝 8 号中雅大厦 A 座 11 层　100038）
网　　址：www. E - mp. com. cn
电　　话：（010）51915602
印　　刷：北京晨旭印刷厂
经　　销：新华书店
开　　本：720mm × 1000mm/16
印　　张：11. 25
字　　数：196 千字
版　　次：2019 年 9 月第 1 版　　2019 年 9 月第 1 次印刷
书　　号：ISBN 978 - 7 - 5096 - 6728 - 6
定　　价：49. 00 元

前　言

从 2014 年下半年开始，我国大力推广 PPP。

经过几年的探索和实践，我国在 PPP 领域实现了长足的发展，也取得了可喜的成绩。目前，我国正在大力规范 PPP，操作流程、政府付费、绩效考核以及评价等越来越完善。可以预见，未来我国 PPP 将科学、稳步地发展，市场前景广阔。

目前多数 PPP 项目经过三年左右的建设期，已经正式进入长达一二十年甚至更久的运营期。从 2018 年开始，一批 PPP 项目相继进入运营期，越来越多的 PPP 项目马上要进入关键的绩效考核阶段。

财政部政府和社会资本合作中心发布的《全国 PPP 综合信息平台项目库第 9 期季报》显示，截至 2017 年 12 月末，管理库项目共计 7137 个，累计投资额 10.8 万亿元，覆盖 31 个省（自治区、直辖市）及新疆生产建设兵团和 19 个行业领域。其中，处于执行和移交阶段的项目（已落地项目）2729 个，投资额 4.6 万亿元。截至 2018 年第三季度，项目管理库累计项目数 8289 个、投资额 12.3 万亿元。从示范项目执行情况来看，四批示范项目共计 990 个，投资额达 2.1 万亿元。地区方面，按各地落地示范项目数统计，河南省和山东省（含青岛）已有 73 个示范项目签约进入执行阶段，暂居全国第一。

为什么要对 PPP 项目进行绩效考核？绩效考核在 PPP 项目全生命周期中又占有怎样的地位？PPP 项目绩效考核的主要目的是为了社会资本或项目公司更好地提供公共产品和服务，不断地提升公共服务的效率。此外，绩效考核还可以使政府资产保值增值，防止国有资产流失。绩效考核符合国家推广 PPP 项目的初衷，在 PPP 项目全生命周期中占有重要的地位。

进一步而言，PPP 项目的绩效考核，主要是站在项目利益方之一———政府的角度，对社会资本或项目公司所提供的公共服务质量和效率进行的考核，是对一个组织整体的考核。绩效考核需要政府方和项目公司之间相互配合、相互信任，在公开、公平、公正的基础上进行。

　　PPP 项目绩效考核与评价结果作为政府付费的依据，涉及 PPP 项目各参与主体的利益。近年来，国务院、财政部和国家发改委等相关部委相继出台一系列政策文件，对 PPP 项目绩效考核予以明确规定，绩效考核与评价成为地方政府监督与管理 PPP 项目规范执行的重要手段。

　　近年来，笔者一直在一线操作 PPP 项目，对 PPP 项目绩效考核的重要性、实践中的问题和难点有着切身的体会。因此对 PPP 项目绩效考核进行了深入的探索、实践和研究。实践发现，就 PPP 项目的各个阶段而言，目前，政府、社会资本等参与方在 PPP 项目的执行过程中往往更加注重项目前期投资中的决策、设计、融资、建设，而忽视对项目全生命周期的有效监督，从而导致项目绩效考核无章可循或者流于形式，无法真正体现 PPP 项目"利益共享、风险共担"的宗旨。这无疑应引起 PPP 项目利益相关方的关注和重视。

　　本书既有关于 PPP 绩效考核与评价的理论研究，也有对具体的 PPP 项目绩效考核典型案例的分析，同时还将具体的 PPP 绩效考核案例融合到理论中，便于业内人士研究及操作 PPP 项目进行绩效考核。

　　本书可以作为政府相关决策部门、实施机构，社会资本、金融机构等的 PPP 模式主体。并为研究、操作 PPP 项目的经济和金融学者、专业人士、企业高管等广大群体提供参考。

陈青松　宋映忠　陈轶群
2019 年 2 月 1 日

目　录

第一章　绩效考核是科学推广
PPP 的现实需求

PPP 项目绩效考核的重要意义

经过几年的大力推广，当前我国很多 PPP 项目正式进入运营期，越来越多的 PPP 项目进入了绩效考核阶段。

财政部政府和社会资本合作中心发布的《全国 PPP 综合信息平台项目库第 8 期季报》显示，截至 2017 年 9 月末，全国入库项目合计 14220 个，累计投资额 17.8 万亿元，覆盖 31 个省（自治区、直辖市）及新疆生产建设兵团和 19 个行业领域。其中，6778 个项目处于准备、采购、执行和移交阶段，均已完成物有所值评价和财政承受能力论证的审核，纳入管理库，投资额 10.1 万亿元①。

截至 2018 年三季度，全国政府和社会资本合作（PPP）综合信息平台项目管理库累计项目数 8289 个、投资额 12.3 万亿元。累计落地项目数 4089 个、投资额 6.3 万亿元，落地率 49.3%。累计已开工项目总数 1860 个、投资额 2.6 万亿元，开工率 45.5%。管理库累计项目总数前三位的是市政工程、交通运输、生态建设和环境保护，合计占管理库项目总数的 62.3%；累计投资额前三位的是市政工程、交通运输、城镇综合开发，合计占管理库总投资额的 72.2%。示范项目

---

① 管理库项目处于准备和采购阶段项目共 4390 个，占 64.8%，投资额 6.0 万亿元；处于执行和移交阶段的项目（已落地项目）2388 个（目前移交阶段项目 0 个），落地率 35.2%（即已落地项目数与管理库项目数的比值），投资额 4.1 万亿元，覆盖除天津、西藏以外的 29 个省（自治区、直辖市）及新疆生产建设兵团和 19 个领域。已开工项目 914 个，占落地项目的 38.3%。

方面，截至 2018 年第三季度，四批示范项目共计 990 个，投资额 2.1 万亿元。落地示范项目累计 865 个、投资额 1.9 万亿元，落地率 87.4%；其中累计已开工示范项目总数 485 个、投资额 9373 亿元，开工率 56.1%。

1. PPP 项目绩效考核的定义

从字面意思理解绩效，"绩"指成绩、业绩，即工作实施后的结果。"效"指效率，即工作实施的过程。绩效考核是对绩效实现过程中各要素的管理与评价，是基于企业战略基础之上的一种管理活动。绩效考核过程具体包括绩效计划、绩效评价、绩效激励等。

PPP 项目绩效考核是指项目实施机构会同行业主管部门，根据 PPP 项目合同约定，定期或不定期对项目建设、运营服务等进行的考核，绩效考核结果作为社会资本或项目公司取得投资回报的重要依据。[①]

具体来说，PPP 项目绩效考核是指从项目利益相关者（包括政府、社会资本、金融机构、运营机构、社会公众等）出发，根据项目设定的产出标准，设定科学的绩效评价指标和评价方法，从项目投入、实施、运营、过程控制、结果及影响等角度，对预算支出的经济性、效率性、效益性等进行全面、客观、公正的评价。

对 PPP 项目的绩效评价而言，与传统的公共基础设施和投资类项目都不同，它既需要考虑社会资本盈利属性，也需要考虑项目的公益属性，还需要维护社会公众利益，因此需要根据"4E"[②] 来考察项目绩效的实现。

2. PPP 项目绩效考核的必要性

从宏观角度来看，包括企业经营管理在内的所有的管理活动，都会有绩效考核机制，否则管理活动就会流于形式，最终整个团队成为一盘散沙，企业所追求的利润根本不可能达到，企业所制定的战略目标也会是"水中月，镜中花"。可以说，所有的经营管理活动都必须有绩效考核机制，目的就是通过绩效考核，来引导、监督、促进和落实任务目标的完成。

作为政府和社会资本之间共同合作的 PPP 项目，社会资本主要有两大目标：一是经济效益目标，二是社会效益目标。

从投资回报的角度讲，社会资本投资是需要回报的。虽然 PPP 项目多数带有公益性质，但作为投资者社会资本不是公益组织，而是直接面对市场竞争的竞争

---

① 绩效是 PPP 项目实施机构为达成项目目的而采取行动在各个方面的实际反馈，它是结果与过程的有机统一，是项目建设与运营实施全过程的活动、模式、成果及其产生的外部影响。

② 项目的经济性（Economy）、效率性（Efficiency）、效果性（Effectiveness）和公平性（Equity）。

主体，其投资、建设、运营与维护 PPP 项目的根本目的是为了实现盈利，为了企业的发展、壮大，而且社会资本所追求的盈利在实现社会效益目标的前提下"越多越好"。从本质上讲，社会资本投资建设 PPP 项目与投资建设商业项目没有区别。应该说，社会资本投资 PPP 项目以盈利为根本目标本身无可厚非，相反，政府应该鼓励、支持、帮助其盈利。否则，社会资本无法盈利或项目长期处于亏损状态，社会资本运营项目的意愿和能力均无法持久，其所提供的公共服务数量和质量很难得到保证。如果项目最终失败，不仅社会资本投资受损，地方政府也不可能完全能置身世外：项目烂尾的后果和不良社会影响、众多的劳动力解决问题、广大公众的生产和生活需求问题……各种问题将接踵而至。

从政府大力推广 PPP 项目的角度讲，除了发挥广大社会资本的资金、技术和管理优势，为社会公众提供更优质的公共服务外，政府还有着更深层次的目的。2015 年 5 月，国务院办公厅转发财政部、国家发改委、中国人民银行颁发的《关于在公共服务领域推广政府和社会资本合作模式的指导意见》（42 号文）指出，在公共服务领域推广政府和社会资本合作模式，是转变政府职能、激发市场活力、打造经济新增长点的重要改革举措，具有重要的作用。"政府和社会资本合作模式可以有效地打破社会资本进入公共服务领域的各种不合理限制，鼓励国有控股企业、民营企业、混合所有制企业等各类型企业积极参与提供公共服务，给予中小企业更多参与机会，大幅拓展社会资本特别是民营资本的发展空间，激发市场主体活力和发展潜力，有利于盘活社会存量资本，形成多元化、可持续的公共服务资金投入渠道，打造新的经济增长点，增强经济增长动力。"

可见，实现 PPP 项目的经济效益和社会效益，是政府、社会资本和公众共同的目标。

以某污水处理 PPP 项目（以下简称"本项目"）为例，本项目是某市公用基础设施的重要组成部分，是某市政府向城镇居民提供的公益性的公共服务，有利于改善地区城市生态环境，提高人民生活质量，具有极大的社会效益和经济效益。

社会效益方面，一是使河流连通更加通畅，形成健康稳定的水生态系统。从系统层次与景观模式上，增加、扩大了各水体的结构组成和功能，提高了水体系统的稳定性。二是污染底泥疏挖及处置工程，可去除部分河道的底泥污染物，特别是大量沉积的有机质和氮、磷污染物，减少河道内源污染，改善河道生态环境。三是通过各类休闲生态附属设施的建设，为市民营造一个良好的亲水环境和休闲活动场所，形成一个以集水利、生态、文化、休闲、观光为一体、功能相互交融的特色生态环境。经济效益方面，一是直接效益：污水处理、污泥处理为收费处理项目，将产生一定的直接经济效益，按某市目前污水处理费标准和污泥处理收费标准计算，每年新增污水处理费收入约 5000 万元，新增污泥处理费收入约 3000 万元。同时，污水处理厂、污泥处理厂、雨水调蓄系统和污水管网运行维护将新增就业岗位约 800 个。二是间接效益：减少对流域整体治理费用；减少水质污染对工农业产品质量的影响；减少水质污染对水产养殖业造成的经济损失；预防及减少公共疾病发生和传播，从而提高社会劳动生产率，降低医疗费用；改善城市环境提高旅游收入；改善投资环境，吸引外来资金，促进地区经济可持续发展。因此，为了达成 PPP 项目目标的实现，必须对 PPP 项目进行绩效考核。

3. PPP 项目绩效考核的目的

PPP 绩效考核的目的，其实是 PPP 模式最本质的目的。PPP 合作模式的目的是由于随着人类社会的日益发展，人们对公共基础设施和公共服务产品的质量、数量要求越来越高，由于政府财政资金、管理效能、专业技术及经验等方面的不足难以满足公众和社会日益增长的对公共基础设施及公共服务产品的需求。从国际经验看，政府推动 PPP 的目的是为了激发社会资本的活力，提高效率，降低成本，向公众提供更高质量社会公共基础设施和服务产品，政府采用与社会资本合作，采用 PPP 模式代替传统自投自建自营的模式（见图 1-1）。

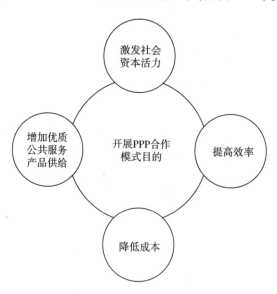

图 1-1 PPP 合作模式目的示意图

中国政府推进 PPP 的目的，根据（财金〔2014〕76 号）表述：一是促进经济转型升级，推进城镇化建设；二是加快转变政府职能，提高国家治理能力；三是深化财税体制改革，构建现代财政制度。

其实在这种模式下，合作的双方各自的目的各不相同，作为社会资本方，其最本质的目的是通过 PPP 模式获得经济效益，次要的效益才是社会的公益性效益，而政府方最本质的目的是获得能够最大限度地满足社会公众的基础设施和公共服务，其次也希望通过 PPP 模式获得公共基础设施和公共服务的可持续性。

从 PPP 模式的最本质的目的可以看出，PPP 绩效考核由于其目的不同，考核的侧重点也是不同的，考核对象、考核主体、考核内容、考核方法都会有差别。

笔者认为，PPP 绩效考核的目的，是建立一套科学、规范、合理的绩效机制，兼顾合作的各方利益相关者的利益，在公正公平、互利互惠、地位平等的原则下，推进 PPP 模式规范健康、科学有序和可持续的发展。

总的来说，PPP 项目绩效考核的目的主要有以下几点：一是政府出于预算绩效考核和提高资金使用效率的需要，严格对 PPP 项目的绩效管理，并将项目绩效评价结果作为政府付费以及价费标准、合作期限等调整的参考依据，同时也促进政府持续提升投资决策水平和资金使用效率；二是作为 PPP 项目合同的权利义务主体，需要监督社会资本或项目公司切实履行 PPP 项目合同项下义务，保证合同的正常履行；三是通过绩效考核方式，促进社会资本或项目公司加强管理和技术创新，持续提升公共产品和服务供给的数量和质量，满足广大公众的生产和生活需求。

4. PPP 项目绩效考核的意义

（1）发挥政府和社会资本各自优势。

与传统投融资模式相比，PPP 模式的优势在于将项目建设和运营维护交由项目公司或社会资本方管理，政府部门和社会资本之间取长补短，发挥各自优势。比如，由社会资本承担项目建设和运营维护风险，一方面，可以倒逼社会资本在建设环节提高工程质量，防止后续维修保养成本严重超支；另一方面，可以促进社会资本在运营环节加强项目管理，提高公共服务的质量和效率。最终，政府和社会资本双方形成互利共赢的长期目标，既节约建设和运营成本，又提高投资效率和提供高质量的公共服务。

PPP 项目绩效考核是衡量采用 PPP 模式是否提高了项目的效率或服务质量的主要依据，也是 PPP 项目的付费依据，它有利于客观评价 PPP 项目公司服务的质量和效率是否满足使用者和政府的要求。

（2）有利于政府和社会资本成本管理。

通过 PPP 项目绩效考核，政府提供科学合理的财政资金补贴，既有利于政府的财政资金真正用在实处、明处，体现了公平合理的市场交易原则，又有利于社会资本不断加强项目管理、提高项目服务水平，"按约服务，按约取酬"，政府、社会资本和广大社会公众各方受益。

严格绩效考核，一方面，对地方政府而言，可以缓解地方政府财政压力，这对当前经济步入缓增长、债务压力加大的地方政府而言尤为重要。不仅如此，通过项目绩效考核与财政资金挂钩，还有利于政府加强成本管理。另一方面，对社会资本而言，紧紧围绕绩效考核，提高 PPP 项目服务水平，加强 PPP 项目成本管理，既降低投资风险，又保障投资回报。

PPP 项目绩效考核与政府预算绩效管理

财政部《关于规范政府和社会资本合作合同管理工作的通知》（财金〔2014〕156 号）规范了 PPP 项目合同管理，确定六大核心原则，包括依法治理、平等合作、维护公益等。在维护公益方面，建立履约管理、行政监管和社会监督"三位一体"的监管架构，优先保障公共安全和公共利益。PPP 项目合同中除应规定社会资本的绩效监测和质量控制等义务外，还应保证政府合理的监督权和介入权，以加强对社会资本的履约管理。政府还应依法严格履行行政管理职能，建立健全及时有效的项目信息公开和公众监督机制。

绩效考核是 PPP 项目实施过程中必要且有效的监管手段，项目实施机构主要通过常规考核和临时考核的方式对项目公司服务绩效水平进行考核，并将绩效考核结果与政府相关服务费支付挂钩。也就是说，在对 PPP 项目进行绩效考核后，政府再依照 PPP 项目合同约定支付相关费用。

严格来说，各级财政部门应依据绩效评价结果合理安排财政预算资金。更进一步说，PPP 绩效考核符合政府预算绩效管理的要求。

1. PPP 项目明确政府补贴要纳入预算管理

PPP 项目是地方政府与社会资本合作，社会资本通过设计、投资、融资、建设、运营等，提供优质的公共产品和服务，从而获得相应的投资回报。同时，

PPP 项目合作应该遵守《预算法》《政府采购法》及《合同法》等。

2014 年 11 月，国务院发布《关于创新重点领域投融资机制鼓励社会投资的指导意见》（国发〔2014〕60 号），提出加强政策引导，在公共服务、资源环境、生态保护、基础设施等领域，积极推广 PPP 模式，规范选择项目合作伙伴，引入社会资本，增强公共产品供给能力。政府有关部门要严格按照预算管理有关法律法规，完善财政补贴制度，切实控制和防范财政风险。

2015 年 5 月，国务院办公厅转发财政部、国家发改委、中国人民银行联合制定的《关于在公共服务领域推广政府和社会资本合作模式的指导意见》（国办发〔2015〕42 号，以下简称《指导意见》），指出在公共服务领域推广政府和社会资本合作模式，是转变政府职能、激发市场活力、打造经济新增长点的重要改革举措，具有重要的作用：一是有利于加快转变政府职能，实现政企分开、政事分开；二是有利于打破行业准入限制，激发经济活力和创造力；三是有利于完善财政投入和管理方式，提高财政资金使用效益。在政府和社会资本合作模式下，政府以运营补贴等作为社会资本提供公共服务的对价，以绩效评价结果作为对价支付依据，并纳入预算管理、财政中期规划和政府财务报告，能够在当代人和后代人之间公平地分担公共资金投入，符合代际公平原则，有效弥补当期财政投入的不足，有利于减轻当期财政支出压力，平滑年度间财政支出波动，防范和化解政府性债务风险。

《指导意见》明确提出，要在完善财税支持政策、保障项目用地、简化审核流程等方面，出台相应的政策保障措施。《指导意见》的核心要求之一便是以"财政主导"为要求，发挥财政部门的"主力军"作用。PPP 从明确投入方式、选择合作伙伴、确定运营补贴，再到提供公共服务全过程涉及预算管理、政府采购、资产管理、支出绩效评价等财政职能，财政部门牵头做好 PPP 工作责无旁贷。

按照"法律规范 + 政策指导 + 实施细则"的制度框架，财政部着力构建 PPP 制度规范体系，出台 PPP 相关工作通知、操作指南、合同指南和财政承受能力论证指引等，进一步完善预算管理、政府采购等配套管理办法。

2. 10%：政府预算的红线

在推广 PPP 项目的过程中，为保证政府财政支付能力，财政部《关于进一步做好政府和社会资本合作项目示范工作的通知》（财金〔2015〕57 号）规定："示范项目所在地财政部门要认真做好示范项目物有所值定性分析和财政承受能力论证，有效控制政府支付责任，合理确定财政补助金额，每一年度全部 PPP 项目需要从预算中安排的支出责任占一般公共预算支出比例应当不超过 10%。"文件明确了 PPP 项目政府支出责任占年度一般公共预算支出比例的上限，保证了政府财政支付的能力，从而确保财政资金支持到位和 PPP 项目的长期安全运行。[①]

根据《政府和社会资本合作项目财政承受能力论证指引》（财金〔2015〕21 号），"财政承受能力论证是指识别、测算政府和社会资本合作项目的各项财政支出责任，科学评估项目实施对当前及今后年度财政支出的影响，为 PPP 项目财政管理提供依据"。

财政承受能力是 PPP 项目中的各项财政支出责任，主要包括股权投资、运营补贴、风险承担、配套投入等。对此，地方政府一定要把好关，将地方政府对于 PPP 项目的预算管理风险降到最低。

3. PPP 项目考核和政府预算绩效管理均具有"全过程"的特点

早在 2011 年 7 月，财政部印发的《关于推进预算绩效管理的指导意见》[财预〔2011〕416 号，以下简称《指导意见》（416 号）]就明确指出，预算绩效是指预算资金所达到的产出和结果。预算绩效管理是政府绩效管理的重要组成部分，是一种以支出结果为导向的预算管理模式。它强化政府预算为民服务的理念，强调预算支出的责任和效率，要求在预算编制、执行、监督的全过程中更加关注预算资金的产出和结果，要求政府部门不断改进服务水平和质量，花尽量少的资金、办尽量多的实事，向社会公众提供更多、更好的公共产品和公共服务，使政府行为更加务实、高效。推进预算绩效管理，有利于提升预算管理水平、增强单位支出责任、提高公共服务质量、优化公共资源配置、节约公共支出成本，对于加快经济发展方式的转变和和谐社会的构建，促进高效、责任、透明政府的建设具有重大的政治、经济和社会意义。

《指导意见》（416 号）对推进预算绩效管理的主要内容进行了明确，预算绩效管理是一个由绩效目标管理、绩效运行跟踪监控管理、绩效评价实施管理、绩效评价结果反馈和应用管理共同组成的综合系统。推进预算绩效管理，要将绩效理念融入预算管理全过程，使之与预算编制、预算执行、预算监督一起成为预算管理的有机组成部分，逐步建立"预算编制有目标、预算执行有监控、预算完成有评价、评价结果有反馈、反馈结果有应用"的预算绩效管理机制。

需要重点指出的是，《指导意见》（416 号）明确"要将绩效理念融入预算管理全过程"，而 PPP 项目建设期、运营期、移交期绩效付费机制具有全过程、

---

① 对于 10% 的解释，目前也有不同的认识，有观点认为应理解为 PPP 项目从预算中支付的全部金额（包括一般预算、基金预算等）均应纳入一般公共预算 10% 考虑，也有观点认为 10% 的比例仅限于需要从一般公共预算中安排的支出，并不包括政府性基金预算，以及政府以土地、实物资产、无形资产等投入的部分。

全方位的特点。具体来说，全过程包括三方面内容：一是建设期：可用性付费；二是运营期：运营绩效付费；三是移交期：移交绩效考核付费。

研究发现，与传统投融资方式相比，PPP 有四个鲜明的特征，分别是全生命周期、物有所值、风险共担、激励相容。其中"全生命周期"包含的内容之一便是强调政府要全面参与 PPP 项目全过程，对公共服务的质量、价格和绩效进行全过程监管，确保实现公共利益最大化。

由此可见，PPP 项目考核和政府预算绩效管理均具有"全过程"的特点。

4. PPP 项目政府付费和可行性缺口补助资金高达 9.2 万亿元

近年来，财政部门每年都要求同级预算部门或单位开展绩效自评工作，并在此基础上挑选一定数量的预算部门或单位以及民生政策、重大专项支出项目开展绩效评价工作，绩效评价（自评）结果作为财政部门预算安排和人大批复预算的重要参考依据。

近几年来，国家和地方政府均在大力推广 PPP。在本轮 PPP 热潮中，财政部和国家发改委均是重要的参与部门，目前两部门都已经建立了自己的 PPP 项目储备库或示范项目库，而部分地方政府也建立了自己的 PPP 项目库。

财政部《全国 PPP 综合信息平台项目库第 9 期季报》显示，截至 2017 年 12 月末，管理库项目共计 7137 个，累计投资额 10.8 万亿元。在回报机制方面，政府付费项目 2884 个，投资额 3.3 万亿元，分别占管理库的 40.4% 和 30.6%；可行性缺口补助项目 2930 个、投资额 5.9 万亿元，分别占管理库的 41.1% 和 54.7%。从项目数量来看，政府付费项目和可行性缺口补助项目占比高达 81.5%；从投资额来看，政府付费项目和可行性缺口补助项目占比更是高达 85.3%。可以说，高达 9.2 万亿元的政府付费和可行性缺口补助资金需要纳入政府财政年度预算和未来中长期预算予以安排。

PPP 绩效考核下的政府付费和可行性缺口补助，符合政府预算绩效管理要求，各级政府应该严格管理、规范执行。

5. PPP 是全面实施预算绩效管理的重要内容

近年来，我国政府加强对财政预算的绩效考核。财政预算是政府活动计划的反映，它体现了政府及其财政活动的范围、政府在特定时期所要实现的政策目标和政策手段等。财政预算绩效管理是以一级政府财政预算（包括收入和支出）为对象，以政府财政预算在一定时期内所达到的总体产出和结果为内容，以促进政府透明、责任、高效履职为目的所开展的绩效管理活动。

基于各种现实需求，我国将全面实施预算绩效管理。

党的十九大报告强调，要加快建立现代财政制度，建立全面规范透明、标准科学、约束有力的预算制度，全面实施绩效管理。2018 年 9 月，中共中央、国务院印发了《关于全面实施预算绩效管理的意见》（以下简称《意见》）。这是党中央、国务院对全面实施预算绩效管理做出的顶层设计和重大部署，对于深化预算管理制度改革、推进国家治理体系和治理能力现代化具有重要意义。《意见》明确指出："力争用 3～5 年时间基本建成全方位、全过程、全覆盖的预算绩效管理体系，实现预算和绩效管理一体化，着力提高财政资源配置效率和使用效益，改变预算资金分配的固化格局，提高预算管理水平和政策实施效果，为经济社会发展提供有力保障。"

财政部有关负责人指出，《意见》从"全方位、全过程、全覆盖"三个维度推动绩效管理全面实施。例如完善全覆盖预算绩效管理体系。各级政府需将一般公共预算、政府性基金预算、国有资本经营预算、社会保险基金预算全部纳入绩效管理。积极开展涉及财政资金的政府投资基金、主权财富基金、政府和社会资本合作（PPP）、政府采购、政府购买服务、政府债务项目绩效管理。

总的来说，PPP 项目大都是基础设施建设项目和社会公共服务项目，工程量大，投入资金多，动辄数亿元甚至数十亿元、几十亿元，大的项目更是高达百亿元。因此，做好 PPP 项目绩效考核是财政预算绩效管理的一个重要突破口。

两个 "92 号文" 严格 PPP 项目绩效考核

研究发现，关于 PPP 项目绩效考核，目前有两个 "92 号文" 对此有着严格的规定。

1. "财金〔2016〕92 号文" 对 PPP 项目绩效的规定

2016 年 9 月，财政部印发了《政府和社会资本合作项目财政管理暂行办法》的通知（财金〔2016〕92 号，以下简称《通知》），《通知》对 PPP 项目进行了明确的规定：一是各级财政部门应当会同行业主管部门开展 PPP 项目绩效运行监控，对绩效目标运行情况进行跟踪管理和定期检查，确保阶段性目标与资金支付相匹配，开展中期绩效评估，最终促进实现项目绩效目标。监控中发现绩效运行与原定绩效目标偏离时，应及时采取措施予以纠正。二是社会资本方违反 PPP 项目合同约定，导致项目运行状况恶化，危及国家安全和重大公共利益，或严重影响公共产品和服务持续稳定供给的，本级人民政府有权指定项目实施机构或其他机构临时接管项目，直至项目恢复正常经营或提前终止。临时接管项目所产生的一切费用，根据合作协议约定，由违约方单独承担或由各责任方分担。三是各级财政部门应当会同行业主管部门在 PPP 项目全生命周期内，按照事先约定的绩效目标，对项目产出、实际效果、成本收益、可持续性等方面进行绩效评价，也可委托第三方专业机构提出评价意见。四是各级财政部门应依据绩效评价结果合理安排财政预算资金。对于绩效评价达标的项目，财政部门应当按照合同约定，向项目公司或社会资本方及时足额安排相关支出。对于绩效评价不达标的项目，财政部门应当按照合同约定扣减相应费用或补贴支出。

2. "财办金〔2017〕92 号文"对 PPP 项目绩效的规定

2017 年 11 月，财政部印发了《关于规范政府和社会资本合作（PPP）综合信息平台项目库管理的通知》（财办金〔2017〕92 号，以下简称《通知》）。《通知》指出，为深入贯彻落实全国金融工作会议精神，进一步规范政府和社会资本合作（PPP）项目运作，防止 PPP 异化为新的融资平台，坚决遏制隐性债务风险增量，各级财政部门要深刻认识当前规范项目库管理的重要意义，及时纠正 PPP 泛化滥用现象，进一步推进 PPP 规范发展，着力推动 PPP 回归公共服务创新供给机制的本源，促进实现公共服务提质增效目标，夯实 PPP 可持续发展的基础。

《通知》要求严格新项目入库标准，其中未建立按效付费机制的 PPP 项目不得入库，包括通过政府付费或可行性缺口补助方式获得回报，但未建立与项目产出绩效相挂钩的付费机制的；政府付费或可行性缺口补助在项目合作期内未连续、平滑支付，导致某一时期内财政支出压力激增的；项目建设成本不参与绩效考核，或实际与绩效考核结果挂钩部分占比不足 30%，固化政府支出责任的。

笔者认为，上述《通知》的关键之一便是新项目入库标准，这既是对之前入库的部分没有绩效考核或绩效考核不科学的项目的规范，更是对未来拟入库的项目的明确规定。其主要内容包括三点：一是入库项目必须建立与产出绩效相挂钩的按效付费机制；二是政府付费或可行性缺口补助必须平滑支付，实现代际公平；三是项目建设成本必须参与绩效考核。也就是说，不再像传统模式那样项目建成后政府即开始付费，而没有建设内容的考核。

财政部有关负责人对《通知》进行了解读，其中，关于绩效考核方面，为贯彻 PPP 以运营为核心、以绩效为导向的理念，推动 PPP 项目由重建设向重运营转变，确保项目长期稳定运行，《通知》在推动项目建立按效付费机制方面采取了以下举措：一是要求政府付费与项目绩效考核结果挂钩，强化项目产出绩效对社会资本回报的激励约束效果，防止政府对项目各项支出承担无条件的支付义务，使 PPP 异化为拉长版 BT。二是要求政府承担的项目建设成本与运营成本均应根据绩效考核结果进行支付，且建设成本中参与绩效考核的部分占比不得低于30%，防止当前部分项目通过所谓的"工程可用性付费"方式，以"项目竣工即应支付"的名义，提前锁定政府对建设成本的无条件支付义务，弱化项目运营绩效考核的约束力①。三是要求政府付费应在项目合作期内连续、平滑安排，防止为多上项目将财政支出责任过度后移，加剧以后年度财政支出压力、导致代际失衡，同时也防止将财政支出责任集中前移，使社会资本快速回收大部分投资从而可以实现早期退出。

3. 两个"92 号文"的联系与区别

两个"92 号文"都对 PPP 项目绩效考核进行了严格规定，那么，二者有何具体的联系与区别呢？

从联系来看，两个"92 号文"的重点目标都是 PPP 项目的绩效考核，且推动 PPP 项目由重建设向重运营转变。"财金〔2016〕92 号文"将绩效考核结果与财政部门是否安排财政资金挂钩，一方面，激发社会资本提高运营能力，有效提升运营效果，减少政府付费；另一方面，如果 PPP 项目运营效果不佳，将减少已安排的财政预算资金，这样可以倒逼社会资本提高运营能力和服务水平获得项目收入。"财办金〔2017〕92 号文"要求政府付费与项目绩效考核结果挂钩，强化项目产出绩效对社会资本回报的激励约束效果，防止政府对项目各项支出承担无条件的支付义务。

从区别来看，"财金〔2016〕92 号文"重点强调 PPP 项目必须进行绩效考核，而"财办金〔2017〕92 号文"除了强调 PPP 项目必须进行绩效考核外，还对新项目申请纳入项目管理库做了严格的入库前提条件限制，条件之一即为"未建立按效付费机制"。专家指出，该规定进一步延伸了"财金〔2016〕92 号文"对绩效考核与财政预算资金之间的关系，新项目若未建立按效付费机制，项目将无法入库，这样就从源头上促进了项目绩效付费的建立。

---

① 据了解，自 2013 年 PPP 模式在我国快速推广应用以来，可用性付费模式不仅在政府付费类 PPP 项目中得到广泛应用，在具备一定经营性收入的可行性缺口补助项目中占比也逐步提升。该模式在国内的应用也有被异化的趋势，被拆分为建设期和运营期，"可用性"只针对建设期末竣工验收，使得建设内容考核占整个绩效考核的比例不大，甚至流于形式。

附：PPP 项目绩效考核顶层设计

作为一种新的投融资模式，PPP 需要法律、法规和政策引领。我国在大力推广 PPP 的同时，也在不断完善 PPP 项目绩效考核顶层设计。

对 PPP 项目绩效考核，国务院、财政部、国家发改委等文件中都有相关要求，以下是对相关政策文件的梳理（见表 1-1）。

附表 1-1　PPP 项目绩效考核相关政策规定

序号	发文时间	发文单位及文件名称	文件主要内容
1	2013 年 9 月	《国务院办公厅关于政府向社会力量购买服务的指导意见》（国办发〔2013〕96 号）	加强政府向社会力量购买服务的绩效管理，严格绩效评价机制。建立健全由购买主体、服务对象及第三方组成的综合性评审机制，对购买服务项目数量、质量和资金使用绩效等进行考核评价。评价结果向社会公布，并作为以后年度编制政府向社会力量购买服务预算和选择政府购买服务承接主体的重要参考依据
2	2014 年 9 月	财政部《关于推广运用政府和社会资本合作模式有关问题的通知》（财金〔2014〕76 号）	要求稳步开展项目绩效评价，省级财政部门要督促行业主管部门，加强对项目公共产品或服务质量和价格的监管，建立政府、服务使用者共同参与的综合性评价体系，对项目的绩效目标实现程度、运营管理、资金使用、公共服务质量、公众满意度等进行绩效评价。绩效评价结果应依法对外公开，接受社会监督。同时，要根据评价结果，依据合同约定对价格或补贴等进行调整，激励社会资本通过管理创新、技术创新提高公共服务质量。此外，要求完善项目财政补贴管理，对项目收入不能覆盖成本和收益，但社会效益较好的政府和社会资本合作项目，地方各级财政部门可给予适当补贴。财政补贴要以项目运营绩效评价结果为依据，综合考虑产品或服务价格、建造成本、运营费用、实际收益率、财政中长期承受能力等因素合理确定。地方各级财政部门要从"补建设"向"补运营"逐步转变，探索建立动态补贴机制，将财政补贴等支出分类纳入同级政府预算，并在中长期财政规划中予以统筹考虑

续表

序号	发文时间	发文单位及文件名称	文件主要内容
3	2014 年 11 月	财政部《关于印发政府和社会资本合作模式操作指南（试行）的通知》（财金〔2014〕113号）	在项目执行阶段，开展绩效监测，将政府付费、使用者付费与绩效评价挂钩，并将绩效评价结果作为调价的重要依据，确保实现公共利益最大化。此外，在移交阶段，项目移交后要进行绩效评价，对项目的产出、成本效益、监管成效、可持续性、政府和社会资本合作模式应用等进行绩效评价，评价结果作为政府开展政府和社会资本合作管理工作决策的参考依据
4	2014 年 12 月	财政部《关于规范政府和社会资本合作合同管理工作的通知》（财金〔2014〕156 号）	PPP 项目合同中除应规定社会资本方的绩效监测和质量控制等义务外，还应保证政府方合理的监督权和介入权，以加强对社会资本的履约管理
5	2014 年 12 月	国家发改委《关于开展政府和社会资本合作的指导意见》（发改投资〔2014〕2724 号）	界定了 PPP 项目的规范管理过程，即项目储备、项目遴选、伙伴选择、合同管理、绩效评价、退出机制。项目实施过程中，加强工程质量、运营标准的全程监督，确保公共产品和服务的质量、效率和延续性。鼓励推进第三方评价，对公共产品和服务的数量、质量以及资金使用效率等方面进行综合评价，评价结果向社会公示，作为价费标准、财政补贴以及合作期限等调整的参考依据。项目实施结束后，可对项目的成本效益、公众满意度、可持续性等进行后评价，评价结果作为完善 PPP 模式制度体系的参考依据
6	2015 年 2 月	财政部《关于市政公用领域开展政府和社会资本合作项目推介工作的通知》（财建〔2015〕29 号）	推介项目在项目发起、物有所值评价、财政承受能力验证、合作伙伴选择、收益补偿机制确立、项目公司组建、合作协议签署、绩效评价等操作过程中，应根据财政部关于 PPP 工作的统一指导规范推进，地方财政部门会同住房城乡建设（市政公用）部门抓紧研究制定符合当地实际情况的操作办法，实现规范化管理

续表

序号	发文时间	发文单位及文件名称	文件主要内容
7	2015 年 4 月	国家发改委、财政部等六部委联合发布《基础设施和公用事业特许经营管理办法》（2015 年第 25 号令）	提出了特许经营项目绩效评价机制。实施机构应当根据特许经营协议，定期对特许经营项目建设运营情况进行监测分析，会同有关部门进行绩效评价，并建立根据绩效评价结果、按照特许经营协议约定对价格或财政补贴进行调整的机制，保障所提供公共产品或公共服务的质量和效率。实施机构应当将社会公众意见作为监测分析和绩效评价的重要内容
8	2015 年 4 月	关于在收费公路领域推广运用政府和社会资本合作模式的实施意见（财建〔2015〕111 号）	完善收费公路建设管理养护长效机制。建立健全合同约束、收费调节、信息公开、过程监管、绩效考核等一系列改革配套制度与机制，实现合作双方风险分担、权益融合、有限追索
9	2015 年 5 月	国务院办公厅转发财政部、国家发改委、人民银行《关于在公共服务领域推广政府和社会资本合作模式的指导意见》（国办发〔2015〕42 号）	在政府和社会资本合作模式下，政府以运营补贴等作为社会资本提供公共服务的对价，以绩效评价结果作为对价支付依据，并纳入预算管理、财政中期规划和政府财务报告，能够在当代人和后代人之间公平地分担公共资金投入，符合代际公平原则，有效弥补当期财政投入不足，有利于减轻当期财政支出压力，平滑年度间财政支出波动，防范和化解政府性债务风险
10	2015 年 12 月	财政部《PPP 物有所值评价指引（试行）》的通知（财金〔2015〕167 号）	采用 PPP 模式实施的项目，应在项目识别或准备阶段开展物有所值评价。物有所值评价包括定性评价和定量评价。现阶段以定性评价为主，鼓励开展定量评价。定量评价可作为项目全生命周期内风险分配、成本测算和数据收集的重要手段，以及项目决策和绩效评价的参考依据
11	2016 年 8 月	国家发改委《关于切实做好传统基础设施领域政府和社会资本合作有关工作的通知》（发改投资〔2016〕1744 号）	重点强调了项目后评价，项目结束后，适时对项目效率、效果、影响和可持续性等进行后评价，科学评价项目绩效，不断完善 PPP 模式制度体系

序号	发文时间	发文单位及文件名称	文件主要内容
12	2016 年 9 月	财政部《政府和社会资本合作项目财政管理暂行办法》（财金〔2016〕92 号）	各级财政部门应当会同相关部门，统筹安排财政资金、国有资产等各类公共资产和资源与社会资本开展平等互惠的 PPP 项目合作，切实履行项目识别论证、政府采购、预算收支与绩效管理、资产负债管理、信息披露与监督检查等职责，保证项目全生命周期规范实施、高效运营；PPP 项目合同审核时，合同应当约定项目具体产出标准和绩效考核指标，明确项目付费与绩效评价结果挂钩；财政部门应对行业主管部门报送的 PPP 项目财政收支预算申请进行认真审核，充分考虑绩效评价、价格调整等因素，合理确定预算金额①
13	2016 年 10 月	财政部《关于在公共服务领域深入推进政府和社会资本合作工作的通知》（财金〔2016〕90 号）	各级财政部门要会同有关部门统筹论证项目合作周期、收费定价机制、投资收益水平、风险分配框架和政府补贴等因素，科学设计 PPP 项目实施方案，确保充分体现"风险分担、收益共享、激励相容"的内涵特征，防止政府以固定回报承诺、回购安排、明股实债等方式承担过度支出责任，避免将当期政府购买服务支出代替 PPP 项目中长期的支出责任，规避 PPP 相关评价论证程序，加剧地方政府财政债务风险隐患。要加强项目全生命周期的合同履约管理，确保政府和社会资本双方权利义务对等，政府支出责任与公共服务绩效挂钩

---

① 《办法》指出，各级财政部门应当会同行业主管部门开展 PPP 项目绩效运行监控，对绩效目标运行情况进行跟踪管理和定期检查，确保阶段性目标与资金支付相匹配，开展中期绩效评估，最终促进实现项目绩效目标。各级财政部门应当会同行业主管部门在 PPP 项目全生命周期内，按照事先约定的绩效目标，对项目产出、实际效果、成本收益、可持续性等方面进行绩效评价，也可委托第三方专业机构提出评价意见。各级财政部门应依据绩效评价结果合理安排财政预算资金。对于绩效评价达标的项目，财政部门应当按照合同约定，向项目公司或社会资本方及时足额安排相关支出。对于绩效评价不达标的项目，财政部门应当按照合同约定扣减相应费用或补贴支出。

续表

序号	发文时间	发文单位及文件名称	文件主要内容
14	2016 年 10 月	国家发改委《传统基础设施领域实施政府和社会资本合作项目工作导则》的通知（发改投资〔2016〕2231 号）	对项目运营绩效评价和项目后评价相关机制做了规定。PPP 项目合同中应包含 PPP 项目运营服务绩效标准。项目实施机构应会同行业主管部门，根据 PPP 项目合同约定，定期对项目运营服务进行绩效评价，绩效评价结果应作为项目公司或社会资本方取得项目回报的依据。项目实施机构应会同行业主管部门，自行组织或委托第三方专业机构对项目进行中期评估，及时发现存在的问题，制定应对措施，推动项目绩效目标顺利完成。项目移交完成后，地方政府有关部门可组织开展 PPP 项目后评价，对 PPP 项目全生命周期的效率、效果、影响和可持续性等进行评价。评价结果应及时反馈给项目利益相关方，并按有关规定公开
15	2017 年 5 月	财政部、农业部关于深入推进农业领域政府和社会资本合作的实施意见（财金〔2017〕50 号）	严格绩效监管。各地财政部门、农业部门要构建农业 PPP 项目的绩效考核监管体系和监督问责机制，跟踪掌握项目实施和资金使用情况，推动形成项目监管与资金安排相衔接的激励制约机制
16	2017 年 6 月	关于做好 2017 年中央财政农业生产发展等项目实施工作的通知（农财发〔2017〕11 号）	加强绩效评估。财政部、农业部将制定出台资金绩效管理办法，依据下达各省的任务清单和绩效目标，适时组织开展绩效评价和第三方评估，加快建立以结果为导向的激励约束机制。省级财政、农业部门也要科学制定本地区资金使用绩效评价方案，将政策目标实现情况、任务清单完成情况、资金使用管理情况等纳入指标体系，严格奖惩措施，全面评估、考核政策落实情况
17	2017 年 7 月	财政部《关于组织开展第四批政府和社会资本合作示范项目申报筛选工作的通知》（财金〔2017〕76 号）	将"项目应当建立完善的运营绩效考核机制"作为申报示范项目必须满足的条件之一

续表

序号	发文时间	发文单位及文件名称	文件主要内容
18	2018 年 4 月	财政部《关于进一步加强政府和社会资本合作（PPP）示范项目规范管理的通知》（财金〔2018〕54 号）	落实中长期财政规划和年度预算安排，加强项目绩效考核，落实按效付费机制，强化激励约束效果，确保公共服务安全、稳定、高效供给；加强运行情况监测。及时更新 PPP 项目开发目录、财政支出责任、项目采购、项目公司设立、融资到位、建设进度、绩效产出、预算执行等信息，实时监测项目运行情况、合同履行情况和项目公司财务状况，强化风险预警与早期防控；要建立健全咨询服务绩效考核和投诉问责机制

第二章 PPP 项目绩效考核的现状及不足

PPP 项目绩效考核体系亟待完善

自 2014 年下半年以来，我国大力推广 PPP，经过几年的探索和实践，相当多的 PPP 项目已经落地并进入运营阶段。也就是说，PPP 项目已正式进入绩效考核。

那么，我国 PPP 项目绩效考核现状如何，还有哪些亟待提高的地方呢？

1. PPP 项目绩效考核不尽如人意

众所周知，PPP 项目合作期限较长，一般为 10～30 年，有的项目合作期限甚至更久，因此项目建设与运营的绩效考核对整个 PPP 项目来说至关重要。

然而，当前我国很多 PPP 项目的运营都是一个薄弱环节，其核心的绩效考核、按效付费、绩效监管实际上并没有得到严格贯彻，主要体现在考核指标模糊、监管方式和考核结果争议较大等，甚至有的项目考核程序流于形式，异化成"固定回报""保本收益"，运营的风险实际上都由地方政府一方承担了，这大大影响了 PPP 模式的作用，造成了 PPP 项目合作主体的不平等，与国家推广 PPP 的初衷相悖。在实践操作中，我国 PPP 绩效考核的现状和存在的问题主要有绩效考核政策缺乏相应的操作指引或细则、机械式地复制设定考核标准缺乏项目定制、绩效考核制度偏重约束而忽略激励。

2. PPP 项目绩效考核体系不完善

近年来，随着各项配套政策的密集出台，从中央到地方大力推广 PPP，PPP 迅速进入高潮，且呈现速度快、力度大、范围广的特点。PPP 的应用领域也从之前的高速公路等基础设施领域迅速向水处理、垃圾处理、河道治理、博物馆、公园、停车场等市政建设领域拓展，现已广泛覆盖到生态建设和环境保护、城镇化建设、医疗、养老、农业、林业等多个领域。可以说，作为政府和社会资本间的一种新型合作模式，PPP因其具有化解政府债务风险、缓解政府财政压力、创新财税体制改革、拉动经济增长、提高建设和运营效率、改善社会公众的生产生活环境等诸多优势受到各级政府的大力推广，而随着十万亿元的PPP项目推出，PPP在国内掀起一场市场盛宴。

然而，PPP在推广的过程中，面临着法律法规政策不完善、社会资本融资困难、投资回报率低等现实问题。实践发现，在诸多问题中，PPP项目的绩效体系考核不完善是阻碍项目成功落地、科学运营的重要因素。

研究发现，目前，我国出台的PPP项目绩效考核与评价相关政策和操作办法中，还欠缺对项目绩效考核操作流程进行约定或指引的内容，相关政策尚无细化的操作办法，现有规定多停留在强调重要性、必要性以及规定总体原则和宏观框架层面。

以环保PPP项目为例。在国家高度重视环保的背景下，目前国内央企30%～40%不同程度地进入了环保行业，包括金融、建筑、重型机械、水泥、房地产等行业的大企业都开始介入环保市场。环保行业呈蓬勃发展态势，与此同时竞争不断加剧甚至白热化，由此导致一系列行业乱象，表现最为突出的是大打价格战，市场不断传出匪夷所思的超低价中标现象，尤其是污水处理、垃圾处理等具有稳定现金流和收益的项目，竞争更是激烈。如某污水处理PPP项目中标方报价不到另两个竞争者报价的1/4和1/6。过度竞争导致项目利润严重下滑。[①] 社会资本投资回报率低，因此在建设和运营方面大做文章，比如污水处理厂污水处理不达标甚至偷排等。由于PPP项目绩效考核体系不完善，很多项目绩效考核将流于形式。

具体来说，当前，我国政府付费类的PPP项目在绩效考核方面存在的主要问题有：一是无绩效付费，此类项目主要是前几年国家大力推广PPP模式时，部分地区没有完全掌握PPP的实质，或盲目追求业绩，或急于引进社会资本，在操作

---

① 根据E20研究院统计，近10多年来，垃圾处理的政府补贴费用呈现大幅下跌状态。1999年上海江桥垃圾焚烧项目垃圾处理服务费为213元/吨，2009年为90元/吨，2012年后，继续保持下降趋势。2015年5月山东新泰项目中标价48元/吨，8月安徽蚌埠项目26.8元/吨，9月江苏高邮项目26.5元/吨，部分项目甚至降到惊人的10元/吨。

过程中不规范，比如采取固定回报、明股实债、PPP 项目合同中有付费无绩效考核等。二是即使在 PPP 项目合同中约定了绩效考核的内容，但考核的内容很少，且考核的标准不严，与付费关联性不够甚至脱离，因此政府承担了不合理的风险，与 PPP 模式"利益共享，风险共担"的本质相悖。三是将建设与运营考核割裂。建设期结束后对工程进行验收、审计，一次性考核可用性，确定建设总投资，以后按约定回报率分年度付费或支付财政补贴，相当于固定回报分期支付（下文将有详细论述），因此，项目运营补贴在项目财政支出中占比很低，或者是象征性地进行运营绩效考核。

3. 可用性付费和运营维护绩效付费割裂

实践发现，"可用性付费＋运营维护绩效付费"是 PPP 项目主流的绩效考核机制。

财政部 2014 年 12 月发布的《关于规范政府和社会资本合作合同管理工作的通知》（财金〔2014〕156 号），根据项目类型和风险分配方案的不同，政府通常会依据项目的可用性、使用量和绩效中的一个或多个要素的组合向项目公司付费。可用性付费及绩效付费均是合规的 PPP 回报机制，但可用性付费不宜以工程为对象。

然而，当前"可用性付费＋运营维护绩效付费"模式中，不少采用一次考核，分期支付的办法，即在 PPP 项目竣工验收合格之后建设可用性的绩效考核指标全部合格后政府即按照一个固定的金额分期支付；而如果运营维护考核不合格，只能扣除运营维护费用，这样就人为地将可用性割裂成了两笔款项。换句话说，这样做的结果就是把可用性仅限定为建设可用性，换言之，这等于提前锁定政府的大部分支出责任，实际上是由政府兜底项目风险。

事实上，有许多 PPP 项目运营绩效考核占整个绩效考核的比例不高，有的 PPP 项目运营绩效付费累计不超过建设总投资的 1%，工程验收合格即逐年支付建设总投资本金及回报超过全部政府付费额的 99%，这实际上就是 BT 模式的隐名版。

据介绍，国际上 PPP 项目中的"可用性"并没有单独区分交工验收或者项目运营，而指的是 PPP 项目约定的合同全生命周期内包括基础设施和运营状况在内的服务的可用性，即可用性付费与运营期绩效具备强关联性。

总之，"可用性"不仅是工程建设的"可用性"，还包括工程运营的"可用性"。

因此，在 PPP 项目绩效考核中将"可用性付费"和"运营维护绩效付费"分开考核，背离了 PPP 模式绩效考核的初衷，不利于政府财政资金的有效利用，也不利于项目公司站在整个全生命周期的角度投资、融资、建设、运营项目。

基于此，国内有学者建议根据项目情况将可用性付费的一定比例划入运行维护服务费合并考核，根据项目当年运维绩效考核情况，与运维绩效服务费支付时间和比例同步。业内专家建议，在投资方能够提供满足项目运营期间关键绩效指标服务的前提下，可用性付费的金额以不超过建设总投资的本金为限，根据项目的风险分配和财务测算情况确定需要考核的可用性服务费年度支付比例，这样既考虑了投资方合理的诉求，也避免提前锁定政府支出责任。

需要指出的是，我国许多 PPP 项目在绩效考核中并未将可用性付费和运营维护绩效付费割裂开来。如某特色小镇 PPP 项目，项目运营期绩效考核综合得分以70 分为基准分。项目运营期，政府运营维护补贴以绩效考核结果为支付依据。当运营维护绩效考核成绩低于 70 分时，每扣减一分相应运营维护绩效考核费用以及另外×% 的可用性付费均对应扣减 1%，即运营维护绩效考核费用＝实际应付运营维护费用×［100－（70－考核得分）］÷100、另外×% 可用性付费＝另外×% 可用性付费×［100－（70－考核得分）］÷100。运营期内，每年进行一次考核，考核涉及整个运营项目所有范围，自项目进入运营期每一年届满后六十（60）日内。

4. 忽视对项目全生命周期的有效监督

如上所述，与传统投融资方式相比，PPP 模式有四个鲜明的特征：全生命周期、物有所值、风险共担、激励相容。其中，"全生命周期"包含的内容之一便是强调政府要全面参与 PPP 项目的全过程，对公共服务的质量、价格和绩效进行全过程监管，确保实现公共利益最大化。

2016 年 9 月，财政部印发《政府和社会资本合作项目财政管理暂行办法》（财金〔2016〕92 号），指出行业主管部门应当会同各级财政部门做好项目全生命周期成本监测工作。每年第一季度前，项目公司（或社会资本方）应向行业主管部门和财政部门报送上一年度经第三方审计的财务报告及项目建设运营成本说明材料。项目成本信息要通过 PPP 综合信息平台对外公示，接受社会监督。

实践发现，就 PPP 项目推广的各个阶段而言，目前，PPP 项目政府、社会资本等参与方在 PPP 项目的操作过程中往往更加注重项目前期投资决策、设计、融资、建设，而忽视对项目全生命周期的有效考核和监督，导致项目绩效考核无章可循或者流于形式，无法体现 PPP 项目"利益共享、风险共担"的宗旨。

建议认为，为了更好地推广 PPP，需要加强 PPP 项目全生命周期的绩效管理研究。比如在项目总体规划、项目立项、可研论证阶段到设计阶段等前期工作阶段进行绩效管理，可以促进项目的科学决策和有效实施。又比如在项目运营维护期间的中期评估以及项目移交或提前终止后的后评价阶段（含对项目产出、成本效益、监管成效、可持续性、PPP 模式应用等进行绩效评价）。评价结果应及时反馈给项目利益相关方，作为政府加大支持、完善监管、调整 PPP 相关制度体系的依据，以提高政府投资决策水平和投资效益，同时激励社会资本不断提升管理，推进技术创新，提高服务水平。未来我国 PPP 将细化绩效考核标准，完善按效益付费机制，优化全生命周期一体化管理。对无运营内容、无绩效考核机制、社会资本不实际承担建设运营风险的项目不得安排财政资金。

信息不对称：PPP 项目绩效考核难点

综合来看，我国 PPP 项目绩效考核之所以不尽如人意，有着多方面的原因，其中项目信息不对称是一个重要的方面。

所谓项目信息不对称是指在 PPP 项目合作过程中合作双方对特定信息掌握不对等，合作一方比另一方拥有更多的信息，从而导致一方在合作过程中占主动地位，另一方则处于被动地位。信息不对称现象在经济合作领域普遍存在，PPP 领域也不例外。

实践中，信息不对称贯穿了 PPP 项目的全生命周期，而且涉及各类参与主体。

1. PPP 项目合作主体方面

在 PPP 项目合作主体方面，作为政府方，其掌握着项目开发意图、项目各类原始信息、财政信息以及法规政策信息，对社会资本尤其是远道而来且从未与项目所在地的地方政府有过交集的社会资本来说，在项目信息掌握方面处于绝对弱势地位。

作为社会资本方，其掌握的是自身资金实力、技术水平、管理经验这类信息。地方政府虽然可以从社会资本的实践案例以及相关公开渠道了解社会资本的信息，但总体来说仍流于表面。

事实上，从目前社会资本投资 PPP 项目的情况来看，部分社会资本虽然在 PPP 市场的开拓上取得了令人瞩目的业绩，每年的投资总额动辄数百亿元甚至上千亿元，但真正与政府签订合同后，在项目"资本金穿透"的压力下，普遍面临融资难的问题，并非之前向地方政府承诺的那样，这让与其签订 PPP 项目合同后的地方政府骑虎难下，进退两难，这样的例子不胜枚举。

因此，在 PPP 项目合作主体方面，地方政府与社会资本存在着信息不对称的问题。

2. PPP 项目建设环节方面

在 PPP 项目建设环节方面，项目主要由社会资本或 PPP 项目公司①负责地位。

当然，工程建设正是社会资本所擅长的。因此，地方政府很难掌握项目的建设过程，比如设备和材料价格、建设工程质量、人员劳务费等具体信息均由社会资本一手掌握，虽然政府有监管的权利，但通常也只能到现场了解项目进度。如果施工方实际建设用料和报备用料不一致，导致项目建设存在质量隐患或者虚报成本，政府往往难以及时察觉。正是由于建筑环节信息不对称，地方政府往往处于被动地位，在工程项目建设质量、成本监督考核方面处于被动地位。

3. PPP 项目运营核心信息

在 PPP 项目运营阶段，运营核心信息几乎全部由 PPP 项目公司或社会资本掌握：一方面，政府部门对项目运营不具有优势，很难做到时刻监控项目运营情况；另一方面，即使政府部门严格监管，但核心信息由社会资本所掌握，有时社会资本甚至出于经济利益考虑（比如为获得更高的绩效）对运营数据进行技术处理等。以污水处理 PPP 项目为例，在部分信息化管理较为落后的项目中，运营数据如果进行改动，项目绩效考核易流于形式。

需要指出的是，在 PPP 项目合作过程中，由于与 PPP 项目运营有关的监管指标和数据采集难度大，导致实际操作中不得不模糊化处理，从而影响了 PPP 项目绩效考核的效用。

---

① 有的 PPP 项目不需要成立项目公司，有的则根据项目具体情况需要成立专门的 PPP 项目公司，以 PPP 项目公司的名义与政府约定双方基本的权利义务。PPP 项目公司又分为两种：一种是社会资本根据项目本身的需要单独成立 PPP 项目公司；另一种是政府与社会资本共同成立 PPP 项目公司，这种情况下政府并不占有控股地位。

4. 设备恢复性大修和性能测试

在 PPP 项目移交阶段，由于项目的检修情况和设备运营情况等信息都由社会资本所掌握，虽然按照 PPP 项目合同，在项目进行移交时，社会资本通常需要对设备进行恢复性大修和性能测试，以保证项目的正常运营，但要做到百分之百满足设备本身运营的要求不太现实，而原因在于项目的主要信息由社会资本所掌握。出于经济利益的考虑，在项目最后移交阶段如果政府监管不到位，很难保证社会资本对设备恢复性大修的质量。

总的来说，PPP 项目信息不对称现象使地方政府在 PPP 项目的建设、运营和移交阶段都处于被动地位，这无疑对政府开展 PPP 项目绩效考核提出了严峻的挑战。

第三章　PPP 项目绩效考核要点

PPP 项目绩效考核要做到利益相关方的平衡

　　PPP 模式与传统的一般政府投资模式以及纯商业模式有着诸多的不同，其中之一便是绩效考核，究其原因，在于 PPP 项目参与方众多、利益主体多元，例如政府、社会资本（包括央企、地方国企、外企、民企以及混合所有制企业等）、金融机构（包括银行、基金、信托、证券、保险等）、建筑企业、原材供应企业、运营企业、社会公众等。因此，要更好地推进 PPP，更好地落地 PPP 项目，在 PPP 项目绩效考核方面，一定要做到利益相关方的平衡。

　　1. 明确 PPP 合作的主体重点是政府和社会资本

　　PPP 模式下，合作双方一方是地方政府，另一方则是各类社会资本。

　　实践发现，在 PPP 模式下，政府与社会资本对项目考虑的出发点和角度往往不一致，因此双方在合作过程中并不在一个"频率"上：政府考虑更多的是自身财政压力、支付风险和信用风险。此外，维护社会公众利益也是政府重点的考量因素，例如供水、供暖、供电、供气项目的价格、污水处理项目的价格、轨道交通的票价等。地方政府希望自身的风险越低越好，社会资本投资回报率越低越好，同时社会资本提供的公共服务数量越多越好和质量越高越好。此外，地方政府还要对社会资本或项目公司进行严格的绩效考核，按效付费，尤其是政府付费类项目和"使用者付费＋可行性缺口补贴"项目，政府更是希望绩效考核指标越多越好、越细越好、越严越好。

　　然而，对 PPP 项目合作的另一方社会资本而言，其考虑更多的是自己投资回报的风险，因此希望在创造社会效益的同时，投资风险越低越好，投资回报越高越好，且绩效考核指标尽量宽松，目标是获得政府全额付费或补贴，甚至获得政府更多的奖励。

2. 明确 PPP 绩效考核对象

PPP 项目考核对象是谁？社会资本方？还是 SPV 公司？现在一些文章和文献众说纷纭。从 PPP 合作模式的项目效益角度来看，大部分项目都是以社会效益为主，项目自身收益存在缺陷的公益性项目，而非项目现金流充裕的经营性项目。如果是现金流非常充裕的项目，是否还需要通过 PPP 模式进行呢？这是不言而喻的，在项目建设模式中，PPP 并不是最优、最好和最节约成本的模式，最近在国际上关于 PPP 模式的负面信息也是连续不断。

因此，是否可以用 PPP 模式进行公共基础设施项目建设和公共服务产品提供，在程序上须先做《PPP 项目物有所值评价》《财政承受能力论证》和《PPP 实施方案》，通过与传统建设模式进行比较，才能确定。

使用者全付费的项目，那就是项目自身收益现金流非常充裕，在营运期内不仅能够收回全部投资成本，还具有合理的利润的项目。

在项目的前期阶段，通过投资机会研究、项目建议书、可行性研究、设计来逐步达到项目产出绩效的精准，当项目建设竣工进入经营期后，通过项目后评价来考核其产品和服务的绩效，这种考核办法具有间隔时间较长、考核体系不完善和精准度不高的明显缺陷。且是基于项目自身的前期研究设计建设期与实际达产的对比考核评价，目的是测评其规模、产能负荷、数量、质量、效益偏离度，寻找改进和优化的路径。

财政部、发改委和国家相关部委在 PPP 相关文件提出绩效考核的初衷，是因为政府付费。既然是政府付费，不能没有标准，也不能没有考核，所谓"谁付费谁考核"。正如《关于推广运用政府和社会资本合作模式有关问题的通知》（财金〔2014〕76 号），表述"财政补贴以项目运营绩效评价结果为依据"；关于印发《政府和社会资本合作项目财政管理暂行办法》的通知（财金〔2016〕92 号），要求"PPP 合同明确项目付费与绩效评价结果挂钩"《关于规范政府和社会资本合作（PPP）综合信息平台项目库管理的通知》（财办金〔2017〕92 号），要求"建立与项目产出绩效相挂钩的付费机制"。

从上述相关文件可以看出，建立 PPP 绩效考核机制的初衷是政府需要付费的依据和标准，考核的对象是社会资本方和 PPP 项目。

如果把社会资本方作为考核对象，其角度和出发点没有在公平的市场主体的地位上，既然 PPP 是一种"合作"的模式，如果不平等不公平怎么可能合作呢？如果把 PPP 项目作为考核对象，已经有可行性研究评估、项目后评价、我国各种国家建设标准、财务评价等许多考核指标和方法，似乎没有必要再累赘地重新建立一套烦琐的考核体系了。

因此，笔者认为，PPP 绩效考核的对象，应该考核 SPV 公司，因为 SPV 公司是 PPP 项目投资、融资、建设、营运的主体，是一个利益共同体，也是一个风险承担共同体，不管是使用者付费、财政全付费还是财政缺口性补贴付费机制的项目，都是在 SPV 公司的组织实施下完成的产出、营运的公共产品和公共服务，对 SPV 公司实施科学、规范、合理的绩效考核，有利于从提高效率、降低成本、保障质量安全等方面充分激发 SPV 公司的活力，调动其积极性与主观能动性，为人类社会公众提供优质高效的公共基础设施和公共产品服务。

3. 金融机构对 PPP 项目绩效考核有要求

在 PPP 项目合作过程中，除了政府和社会资本外，金融机构也是 PPP 项目的重要参与主体。

目前，我国 PPP 推广虽然很快，但不容忽视的是项目落地难，其中一个重要的因素是社会资本融资难。众所周知，PPP 项目大都是基础设施建设项目和社会公共服务项目，一般社会资本尤其是 PPP 模式下国家重点要引入的民间资本无法承受动辄数亿元甚至上百亿元的投资。换句话说，社会资本要介入 PPP 项目，也需要外部资金的大力帮助与支持；而反过来讲，对各类金融机构而言，10 万亿级的 PPP 市场和社会资本融资需求无疑为金融机构提供了新的业务和盈利来源。

目前，我国 PPP 项目融资主要依靠银行贷款，但银行出于自身风险因素的考虑，对项目资本金比例要求较高并需提供担保。2015 年 6 月，媒体爆出一则新闻《银行怎么看 PPP 项目：需满足 20 多项条件才给贷款》。公开报道称，一份国有商业银行的贷款审批意见书显示，针对 PPP 的不同模式，比如 BOT、TOT 等，银行有不同的贷款要求。一个 PPP 项目想要顺利获得银行贷款，需要满足包括所处区域、还款来源、资产负债率、实收资本以及现金流等在内的 20 多项条件。其中，PPP 项目的绩效也是银行的重要条件之一。以项目收益条件为例，项目使用者付费及政府付费获得的收入，要能全额覆盖贷款本息，而且，涉及使用付费者为公众，如果项目未通过价格听证机制，应追加有效抵押担保方式；若项目在完工后无法通过价格听证的，应立即停止放款，同时要求客户立即偿还贷款本息和有关费用。

4. PPP 项目绩效考核平衡利益各方诉求

显然，对于 PPP 项目的绩效考核，政府、社会资本以及金融机构都有自己的诉求。

因此，在对一个 PPP 项目进行绩效考核时，重点要对项目各参与方的关切点进行有效识别：政府方的关切点在哪里？社会资本方的关切点在哪里？金融机构的关切点又在哪里？在此基础上，确立项目的核心绩效指标，科学、公平地平衡各方利益。

PPP 项目绩效考核需解决的重点问题

自 2014 年下半年以来，在中央和地方各级政府的积极引导和一系列政策的支持下，PPP 得到大力推广，且呈现速度快、力度大、范围广的特点，PPP 的应用领域也从之前的高速公路等基础设施领域迅速向污水处理、垃圾处理、河道治理等领域拓展，目前已经拓展到城镇化建设、医疗、养老、文化、教育、旅游等领域，主要应用领域达 19 个行业。①

研究发现，不同行业的 PPP 项目所要达到的目标并不完全相同。因此，在实际的绩效考核中侧重点也不尽相同。需要重点指出的是，在 PPP 项目的绩效考核中，需要着重解决以下问题。

1. 绩效考核的执行主体

根据财政部《政府和社会资本合作模式操作指南（试行）》（财金〔2014〕113 号），地方财政部门和 PPP 中心有绩效考核的职能。财政部《关于推广运用政府和社会资本合作模式有关问题的通知》（财金〔2014〕76 号）提出由财政部门来进行考核。

那么，PPP 项目的绩效考核到底应该由哪个部门或机构来主导呢？实践中，进行 PPP 项目绩效考核的一般有财政部门、行业主管部门和第三方机构。

在目前的实务操作层面，PPP 项目实施方案编制、PPP 合同谈判和签约，都由政府授权项目实施机构完成。作为参与 PPP 项目的政府重要部门，财政部门既审核 PPP 方案，又参与 PPP 合同的谈判。然而，现有 PPP 政策文件中并没有对

---

① 根据国务院办公厅转发的财政部、国家发改委、人民银行《关于在公共服务领域推广政府和社会资本合作模式的指导意见》（国办发〔2015〕42 号），PPP 共包括能源、交通运输、水利建设、生态建设和环境保护、市政工程、片区开发、农业、林业、科技、保障性安居工程、旅游、医疗卫生、养老、教育、文化、体育、社会保障、政府基础设施和其他 19 个行业。

财政部门如何指导、参与和审核项目绩效考核进行规定，这样导致在 PPP 项目谈判、签约过程中，项目实施机构很难发现指标体系中存在的问题。到了项目执行阶段，如果项目绩效考核无法全面宏观，很可能导致绩效考核流于形式，甚至产生争议，PPP 项目绩效考核的目标能否实现将打上一个大大的问号。

进一步分析发现，如果 PPP 项目绩效考核的执行主体是财政部门，基于行业的特性，财政部门对于 PPP 项目的诸多行业并不是太了解和熟悉。显然，由财政部门对 PPP 项目执行绩效考核，明显缺乏技术支持能力，尤其是专业性和技术性非常强的基建工程类项目如高速公路、桥梁、水库、机场等，财政部门更是力不从心，这将直接影响到绩效考核的结果、绩效评价的科学，甚至反过来会影响绩效考核制定主体的积极性、绩效考核方法和标准的科学性及公平性。因此，总的来说，由财政部门对 PPP 项目进行绩效考核存在天然的缺陷，甚至少不是最佳的绩效考核执行主体。

相比政府财政部门，作为政府行业主管部门，一方面，更具有专业优势，对项目本身的技术特点、运营管理等更为擅长，例如交通部门基于城市道路建设项目，环保部门基于生态建设和环境保护项目，卫生部门基于医疗项目等。因此，行业主管部门执行绩效考核会更为专业。另一方面，实践中行业主管部门往往是 PPP 项目的执行机构，从项目发起阶段就开始介入（比财政部门更早介入），可以说，从项目的发起到合同的签订，都是由行业主管部门在具体操作，因此对项目本身的总体情况更为了解，对项目未来的绩效考核更为适宜。需要指出的是，政府行业主管部门作为 PPP 项目绩效考核主体也有不足之处，最突出的是行业主管部门容易混淆角色，即到底是政府的监管者，还是项目公平的绩效考核者，由于角色容易出现错位，需要在制定考核方案时进行明示。

如果 PPP 项目的绩效考核执行主体是独立于政府和社会资本的第三方，那么则可以解决上述财政部门和行业主管部门执行绩效考核的不足：第一，相比财政部门，第三方更具专业性尤其是工程技术、运营管理方面的专业性。第二，相比行业主管部门，第三方不存在角色混淆的问题，因为它本身就是独立的主体，既不属于政府部门，也不属于社会资本，这样更容易保证考核结果的公平，受到政府部门和社会资本双方的认可，同时也减少双方的争议。第三，在绩效考核的过程中，政府部门和社会资本对考核结果出现争议，在引入相应的争端解决机制时，出于第三方机构的公信力，更利于绩效考核的争议解决，节约争议各方大量的经济成本和时间成本。

总的来说，笔者认为，在我国大力推广 PPP 项目的形势下，对于 PPP 项目的绩效考核，第三方作为考核执行主体更为适当（下文将有详细论述）。

2. 绩效考核标准的制定

实践发现，PPP项目绩效考核存在标准不统一、不公平的问题，这也是制约PPP项目快速落地、PPP模式持续稳定发展的重要原因。

因此，应该重点发挥政府的职能作用，制定不同行业的绩效考核标准，解决PPP项目绩效考核标准不统一和不公平的问题：一是有利于PPP项目规范化运作，提升项目的运营绩效，即"一把尺子量到底"；二是有利于解决部分地区对部分PPP项目人为设置障碍的问题，在统一的绩效考核标准面前，央企、地方国企、民企、外资以及混合所有制企业进行公开公平地竞争，最终实现国家推广PPP项目的初衷。

3. 绩效考核的经济性

归根结底，PPP项目绩效考核是一种经济行为，要考虑项目物有所值的问题，因此不应矫枉过正，为了考核而考核，导致考核成本激增，这也是相关主体制定PPP项目绩效考核方案时需要注意的问题。

4. PPP项目履约保障

PPP项目履约保障主要是明确强制保险方案以及由投资竞争保函、建设期履约保函、运营维护保函和移交维修保函组成的履约保函体系（见表3-1）。

表3-1　某PPP项目不同时期保函金额表

条款	投资竞争保函	建设期履约保函	运营维护保函	移交维修保函
提交主体	社会资本	项目公司	项目公司	项目公司
提交时间	递交投资竞争响应文件的同时	正式签署PPP项目合同的同时	项目获得商业运营许可的同时	最后一个经营年开始前
退还时间	项目公司递交建设履约保函后	项目完成竣工验收和环保验收且项目公司递交运营维护保函后	项目公司递交移交维修保函后	移交完毕且质量保证期满后
保函金额	500万元	6000万元	4000万元	5000万元
担保事项	投资竞争阶段投资竞争响应文件承诺的履行、合同签署、项目公司设立及建设期履约保函提交等	项目建设资金到位、开工节点、试运行节点、竣工节点、验收节点、重大工程质量事故或安全责任事故、运营维护保函提交等	项目运营绩效、持续稳定普遍服务义务、服务质量反馈情况、安全保障、移交维修保函提交等	相关设施恢复性大修、主要设备移交标准、全套项目文档及知识产权移交、人员培训、相关设施存在隐蔽性缺陷，经证明由于项目公司经营期内对设施的运营不善所造成的瑕疵等

PPP 项目绩效考核指标的选定原则

通常情况下，PPP 项目绩效考核指标的选定原则有以下几个方面：

1. 绩效考核指标应覆盖 PPP 项目全生命周期

从目前来看，PPP 项目将进行全流程管理。据了解，目前，财政部正在酝酿 PPP 绩效管理指引类文件，加强入库绩效审核，完善绩效评价、指标框架，建立分行业、分领域、分层次的绩效指标体系，建立项目全过程绩效管理链条。因此，PPP 项目绩效考核指标应覆盖项目全生命周期。

2. 绩效考核指标的选定应尽可能量化

从实际操作的效果来看，虽然很多效果无法以数字的形式进行量化，比如生态建设和环境治理的整体美观程度，城市道路的整洁程度等，但更多的效果是可以进行量化的，而且只有量化才有利于政府对 PPP 项目绩效考核，从而有利于社会资本或项目公司进一步提高运营和服务效率。进一步而言，此前不太容易量化的内容，比如城市道路的干净程度，目前也有成功的尝试，如本书第五章"绩效考核在环保 PPP 领域的创新"一节所介绍的，著名的旅游城市宁夏中卫的城市环卫保洁工作，要求以克论净、量化考核，具体要求道路浮尘每平方米不超过 5 克，地面垃圾滞留时间不超过 5 分钟。

财政部办公厅《关于开展中央部门项目支出绩效自评工作的通知》（财办预〔2016〕123 号）提出了中央部门实现绩效自评全覆盖。"项目绩效自评采取打分评价的形式，满分为 100 分。一级指标权重统一设置为：产出指标 50 分、效益指标 30 分、服务对象满意度指标 10 分、预算资金执行率 10 分。如有特殊情况，上述权重可做适当调整，但加总后应等于 100%。各部门根据各项指标重要程度确定项目的二级绩效指标和三级绩效指标的权重"。

从笔者实践来看，更多的 PPP 项目是可以进行量化考核的。以某停车场 PPP 项目绩效考核为例① （见案例 3 – 1）。

---

① 本书案例资料除注明来源外，均为作者操作的案例参考财政部综合信息库以及公开报道。

【案例3-1】

为鼓励和引导社会资本参与基础设施和公用事业，推广政府和社会资本合作（PPP）在某市基础设施领域的应用，进一步创新投融资体制，拓宽某市建设融资渠道，提升城市基础设施的运维水平，某市人民政府决定启动某停车场PPP项目（以下简称"本项目"），并授权某市城市管理行政执法局为实施机构，具体负责本项目社会资本采购工作。

本项目新建停车泊位××个，包括新建××个收费停车场，泊位××个；新建收费停车泊位××个点，泊位××个。其中包括占道停车位××个，开放式停车场××个，普通封闭式停车场××个，立体升降式停车位××个，共占地××亩。新建停车泊位配充电桩××个。存量××个泊位中有××个泊位需要升级改造，包括收费人员配备手持POS机、配备充电桩××个、升级智能化设备、停车场场地的改造（包括场地平整、画线、指示牌、供电、灯光、监控、安保、消防、环卫等）。本项目总投资约××万元。新建停车场投资××万元，存量停车场改造升级投资××万元，存量停车场作价××万元。

本项目付费机制为使用者付费，最终由消费者直接付费购买公共产品和服务。本项目由PPP项目公司按照PPP项目协议的约定及时、足额地向股东分红。本项目运作方式为：BOT方式新建停车泊位××个，新建停车泊位配充电桩××个。ROT方式对已建成的××个泊位升级改造，配充电桩××个。

本项目绩效考核标准为工程设施符合《道路交通标志和标线》（GB 5768）、《标志用公共信息图形符号》（GB/T 10001.1）、《建筑照明设计标准》（GB 50034）、《人民防空地下室设计规范》（GB 50038）、《汽车库、修车库、停车场设计防火规范》（GB 50067）、《机械式停车设备类别、型式与基本参数》（JB/T 8713）、《简易升降类机械式停车设备》（JB/T 8909），停车场运营符合《城市区域环境噪声标准》（GB 3096）、《机械式停车设备通用安全要求》（GB 17907）等国家及地方相关标准。

一、基本考核指标

中标社会资本以及项目公司存在以下情形的，政府及其授权监管机构有权责令整改，逾期整改不到位的，政府有权收回经营权（见表3-2）。

表 3-2 停车场 PPP 基本考核指标

序号	违约情形	扣分
1	履行以及新建工程质量不符合设计要求，或低于国家规定的标准，或低于项目所在地的标准	-30
2	擅自转让、出租、质押、抵押特许经营权或者以股权转让等其他方式变相转让、处置特许经营权	-30
3	超越特许经营协议约定的区域、路段和泊位数量收费经营	-10
4	将经营路段或停车泊位包租给商业、餐饮等临街单位	-10
5	将经营路段安装地桩、地锁及其他影响车辆正常停放或道路交通安全的设备、设施	-10
6	不按规定标准收费，不按规定使用电子收费设施	-20
7	使用无上岗证人员、持伪造或失效上岗证人员收费	-5
8	擅自停业、歇业	-10
9	法律法规和特许经营协议禁止的其他行为	-10 ~ -5

二、运营考核指标

停车场 PPP 运营考核指标如表 3-3 所示。

表 3-3 停车场 PPP 运营考核指标

序号	考核指标	最高得分
1	停车场建筑结构完整，功能区分科学，车流、人流控制合理，安全警示清晰，满足安全要求	5
2	停车场水电、消防、安保、应急设施和疏散系统、急救系统配置合理，设施完备，维护良好，经有关部门检验合格，符合正常使用要求	5
3	设施齐全、设备完善、维护良好，符合正常使用要求	5
4	停车位的数量满足实际停车需求	5
5	停车场管理体制评价，是否存在因管理问题导致的停车和取车阻滞现象	5
6	机构设置健全，管理构架清晰，运营团队具有一定数量的物业管理人员、智能化技术服务人员、设备维护人员，且满足服务运营需要	5
7	服务、安全、卫生、信息公示、监督考核等制度健全，执行规范，档案台账完整	3
8	办理相应的责任保险（如机动车涉水保险、盗抢保险等）	3
9	提供意外伤害险购买服务并尽到提示购买义务	2
10	建立自然灾害、重特大事故、消防、环境公害及人为破坏等突发事件应急预案，开展定期培训、模拟演练	2

续表

序号	考核指标	最高得分
11	占道停车位收费人员手持 POS 机情况	5
12	配备充电桩的比例以及是否满足实际情况需要	5
13	智能化设备的配备和使用情况	7
14	场地平整情况	5
15	画线是否清晰	5
16	指示牌是否醒目	5
17	光线是否明亮，以及节能方案	3
18	监控的有效性和清晰性	5
19	安保措施及人员配备	5
20	消防设施配备情况	3
21	环境卫生情况等	2
22	建立公众网络评价窗口，由社会公众对中标社会资本提出建议、投诉、评价、打分	10
	合计	100

3. 绩效考核指标的选定可分级设置

在实践操作中，PPP 项目绩效考核指标可分级别设置，一级为主要考核指标，二级为一级考核指标的细分指标，也可继续分级，建议达到三级即可。

以某医养结合 PPP 项目（以下简称"本项目"）绩效考核指标设置为例（见案例 3－2）。

【案例 3－2】

一、项目建设期绩效考核要点

医养结合 PPP 项目与其他 PPP 项目相比，建设期考核指标基本一致，一般可以将项目管理、项目产出、项目效果作为一级指标，将投入管理、财务管理、项目实施、工期目标、质量目标、成本目标、社会效益、满意度作为二级指标，其余三级指标可以作为参考（见表 3－4）。

表3-4 医养结合PPP项目建设期绩效考核指标

项目阶段	一级指标	二级指标	三级指标	分值
建设阶段	项目管理 （45分）	投入管理 （15分）	社会资本方项目资金到位率	5
			项目公司融资资金到位率	5
			资金到位及时率	5
		财务管理 （12分）	资金使用情况	3
			财务（资产）管理制度健全性	3
			财务监控有效性	3
			财务健康性	3
		项目实施 （18分）	项目管理制度健全性	4
			工程管理制度健全性	3
			管理制度执行有效性	3
			进度控制有效性	4
			工程监理履职情况	4
	项目产出 （35分）	工期目标 （10分）	项目按期开工率	5
			项目按期完工率	5
		质量目标 （10分）	项目验收通过率	5
			工程质量评分	5
		成本目标 （15分）	项目成本控制	8
			施工相关合同审批率	4
			合同违约率	3
	项目效果 （20分）	社会效益 （12分）	安全事故发生率	6
			文明施工情况（环境保护、安全生产等）	6
		满意度（8分）	人员满意度	8
		合计		100

二、项目运营期绩效考核要点

医养结合PPP项目一般分为准经营性项目或经营性项目。对于不同回报机制的医养结合PPP项目，在制定绩效考核标准时侧重点也有所不同。

（一）项目运营期绩效考核指标重点

（1）项目公司服务高效性。对于项目公司的服务，可以从"量"和"效"两个方面来制定考核标准，如提供的养老服务的床位数，医院的病床数等方面来设定。PPP项目提供的养老服务标准是否满足PPP合同约定的产出说明的标准、医院类项目的医疗器械清洗是否满足行业规程、安全保卫等方面的效果如何。

（2）项目公司的财务健康性。从项目公司的营利性、成长性、负债能力，运营价格的合理性等方面来进行设置。

（3）项目公司的制度建设。项目公司医养结合的管理制度、品牌建设、医疗与养老结合机制水平、文化建设等方面。

（4）项目公司商业经营。如商超、停车场等商业经营部分的管理制度、商品管理、运营管理方面的考核。

（5）项目公司的社会满意度。主要针对项目公司与养老客户及家属其他社会公众的关系，考核项目的社会公众满意程度。

（二）项目运营期绩效考核

本项目包括了医疗服务、养老服务及配套的辅助服务，在运营阶段制定运维绩效考核指标时，一级指标包括项目服务产出、财务健康、安全管理、社会满意度四个方面（见表3-5）。

表3-5 某医养结合PPP项目运营绩效考核指标

项目阶段	一级指标	二级指标	三级指标	分值
运营阶段	项目服务产出管理（50分）	医院管理（20分）	药品耗材采购	8
			门诊数量	6
			医疗质量	6
		养老服务（15分）	养老服务供给	8
			护理管理	3
			卫生管理	2
			品牌建设	2
		物业管理（10分）	基础管理	1
			装修管理	1
			强弱电管理	1
			给排水管理	1
			电梯服务	4
			公用设施	2
		营养餐厅（5分）	餐厅	2
			操作间	1
			储物与前台	1
			菜品数量与质量	1
	财务管理（20分）	财务分析与运营（5分）	财务报告完备性	2
			财务管理效率	2
			资金使用情况	1

续表

项目阶段	一级指标	二级指标	三级指标	分值
运营阶段	财务管理 （20分）	财务制度 （5分）	按照流程核算，无差错	1
			按规定执行财务审核，准确率100%	1
			按规定执行财务核算，账目无差错	1
			按规定及时申报纳税	1
			财务档案目录完整、存档清晰	1
		负债能力 （5分）	资产负债率	2
			流动资金比率	2
			偿债能力	1
		价格机制 （5分）	价格符合相关政策	3
			无违法违规收费	2
	安全管理 （15分）	安全保卫 （7分）	安保人员熟悉岗位范围内的情况	1
			管理区域主出入口24小时值勤，白天为立岗。外来人员和车辆须与业主核实、登记后方可放行	2
			坚守岗位、无脱岗现象。交接班记录清晰、规范、统一	1
			安保人员着装整齐统一，文明服务，礼貌待人	1
			对重点区域、重点部位有巡视计划和巡视路线图	2
		安全制度落实 （8分）	建立健全的规章制度、岗位职责、操作规范、质量标准、突发事件应急预案	2
			岗位职责：对各岗位工作范围、职责、知识和能力等都应有清晰的表述	2
			操作规范：各工作环节有完善的技术操作规范和设备操作规程	2
			有规范的工作流程及详细的质量标准	1
			有突发事件应急预案	1
	社会满意度（15）	社会效益 （8分）	是否存在医疗、养老纠纷	2
			是否为医疗事故	1
			健康教育任务完成程度	1
			养老服务满意度	1
			公共部门满意度	1
			医疗废弃物处理合格程度	1
			医院的消毒隔离设施合格程度	1

续表

项目阶段	一级指标	二级指标	三级指标	分值
运营阶段	社会满意度(15)	患者满意度（7 分）	医院后勤整体工作情况	2
			养老服务整体情况	1
			医院及养老环境卫生的状况	1
			医院及养老保安人员的服务态度和及时性	1
			医院后勤服务人员的服务态度	1
			医院被服及衣物换洗的质量及服务态度	1
合计				100

（三）项目移交绩效考核

医养结合 PPP 项目的移交绩效考核指标，可以从移交内容、设施、设备完好率、人员培训、移交质保期等方面来进行制定（见表 3-6）。

表 3-6　项目移交绩效考核指标

项目阶段	一级指标	二级指标	三级指标	分值
移交阶段	移交范围及程序(80 分)	移交小组（15 分）	按照合同约定成立移交工作小组	5
			移交工作小组需配合政府方移交委员会的各项事宜	10
		移交的内容（40 分）	与本项目相关使用的所有器材、机械、设备和必备的配套基础设施	10
			本项目的工程档案、竣工资料、养护资料、操作及维修手册和检测、评定资料电子文档等	10
			项目范围内全部设施的使用权；与项目设施相关使用的所有构件、设备、零备件和配件的使用权；和项目设施相关的附属配套设施的使用权	10
			项目运营管理方案、维修和养护资料的移交	10
		设施设备成新率、完好率（15 分）	设施设备成新率达到80%、完好率需符合移交委员会订立的移交要求	15
		移交的时间（5 分）	本项目需在运营期结束后的第一天完成移交	5
		移交质保期（5 分）	移交完成后有 6 个月的资产质保期，在质保期内需保证设施设备等资产无质量问题	5
	项目效果（20 分）	社会效益（12 分）	项目移交的社会效益	12
		满意度（8 分）	公众满意度	8
合计				100

4. 设计绩效考核指标可引入专家模拟打分

绩效考核贯穿 PPP 项目全生命周期，因此，绩效考核方案设计者应对项目绩效考核评分标准的操作性、考核方法与考核内容的相关性反复推敲。绩效考核指标的设计者在指标体系搭建完成后可考虑引入行业专家进行模拟打分，确保绩效考核方案在后续项目执行阶段能够具有较强的操作性、可评性。

PPP 项目第三方绩效考核

严格来说，在 PPP 项目绩效考核过程中，应确保考核公平公正，尽量减少争议，从而提高社会资本参与 PPP 项目的积极性。以某特色小镇 PPP 项目为例，关于项目可用性绩效考核，各方约定由某县文化旅游建设资金管理中心牵头，财政局、发改局等部门协助，对项目进行绩效考核，整体绩效考核任务由某县财政局、某县文化旅游建设资金管理中心负责。

需要重点指出的是，PPP 项目绩效考核主体实际上是责任主体，其代表政府对项目的建设、运营、移交效果进行综合性评价，而且对评价结果负责。由于我国推广 PPP 模式尚处于起步探索阶段，政府职能部门 PPP 能力不足，对项目监管力度不够、水平不高，再加上目前国家正在大力规范 PPP，在这种情况下，一方面由项目实施机构担任考核实施主体，另一方面政府也可以指定其他合适的政府主体协助项目实施机构进行绩效考核，也可以聘请第三方专业机构对 PPP 项目进行绩效考核。

1. 专业第三方机构的优势所在

根据《财政部关于印发政府和社会资本合作模式操作指南（试行）的通知》（财金〔2014〕113 号），绩效考核是由 PPP 项目实施机构来进行。

关于 PPP 的绩效考核，是沿着国家财政部、发改委和相关部委的初衷去进行设计还是从 PPP 模式的真正意义上去进行设计的呢？

既然把 PPP 模式作为一种积极的经济社会发展模式，就不仅是谁付钱谁出政策谁来考核的事情，而是我们就有责任研究一种科学、规范、合理、可持续的考核体系，不仅是谁付钱谁出政策谁来考核的事情，而是需要这种考核体系既能够满足政府为了更高质量、更高效率、更少成本为公众提供基础设施和公共服务的基本目的，又能够满足社会资本通过与政府合作，获得利润的目的，同时还必须满足PPP项目投资收益率低期限长的特点，那就是长期性和可持续发展。

目前的相关文件与政策把考核实施主体确定为PPP项目实施机构，而实施机构是政府方代言人，是代表政府对社会资本方实施监督管理职能的，如果由他来作为考核主体，在考核立场、机制体系的建立和考核实际操作中，难免不具有倾向性和对社会资本方的不公平。这就会影响双方的合作关系，甚至导致PPP项目的失败，有许多实践和案例已经证明了这一点。

因此，笔者认为，PPP绩效考核的实施主体，应该是通过市场化手段公开遴选出来的具有良好信用、体制机制健全、具有科学先进的管理考核能力和手段的第三方考核机构。

第三方考核机构，应该按照适时的法律法规规定，通过公开招标、邀请招标、竞争性磋商、竞争性谈判、入库随机抽选等方式产生，并注意与前期利益相关机构实行"回避制"，以尽可能保障其公正的考核立场。由第三方专业机构对PPP项目进行绩效考核成为现实的选择。

众所周知，PPP模式的运作涉及设计、投资、融资、建设、运营、管理、维护等多个环节，需要具备复杂的金融、投资、财务、技术、管理等方面的专业知识。要成功操作PPP项目，无论对政府还是社会资本来说，都需要专业化的机构和人才队伍作为保障。不仅如此，在PPP项目的绩效考核方面，更需要专业的机构和人才队伍来保障。这方面，具备丰富的工程、金融、财务、审计、法律知识，且具备PPP项目相关行业经验的专业第三方机构无疑具有独特的优势，其能够对PPP项目全过程绩效作出科学合理的评价。

对于地方政府而言，得到PPP专业机构的支持显得尤为重要。在PPP专业机构的帮助下，地方政府对PPP模式的理解、认识将更加科学，在实践操作中也会更加顺利、更加切合实际，利于PPP项目的落地、PPP项目的绩效考核与评价，从而保障PPP项目建设和运维的平稳，这也是政府、社会资本、金融机构、广大公众所愿意看到的。

目前，我国PPP正处于规范发展阶段，而作为当下PPP模式重要的主角之一，各级地方政府还缺乏专业的人才，在PPP项目绩效考核与评价能力上存在明显不足，更多的地方政府对PPP绩效考核属于"摸着石头过河"的探索阶段。

我国地方政府缺乏PPP方面的专业机构和人才，对包括绩效考核与评价在内的PPP项目操作能力不足，因此急需专业第三方力量的支持，以促进PPP在我国的大力发展。

2. 政策鼓励第三方机构开展 PPP 项目绩效评价

基于 PPP 项目绩效考核长期性、复杂性、专业性以及动态性管理的特性，国家鼓励借助第三方专业机构进行项目绩效评价，以提升资金使用效率和公共服务水平（见表 3 - 7）。

表 3 - 7　国家鼓励借助第三方专业机构开展绩效评价政策文件

序号	文件名称	主要内容
1	《关于开展政府和社会资本合作的指导意见》（发改投资〔2014〕2724 号）	鼓励推进第三方评价，对公共产品和服务的数量、质量以及资金使用效率等方面进行综合评价，评价结果向社会公示，作为价费标准、财政补贴以及合作期限等调整的参考依据
2	《关于印发政府和社会资本合作项目财政管理暂行办法的通知》（财金〔2016〕92 号）	各级财政部门应当会同行业主管部门在 PPP 项目全生命周期内，按照事先约定的绩效目标，对项目产出、实际效果、成本收益、可持续性等方面进行绩效评价，也可委托第三方专业机构提出评价意见
3	《传统基础设施领域实施政府和社会资本合作项目工作导则》（发改投资〔2016〕2231 号）	项目实施机构应会同行业主管部门，自行组织或委托第三方专业机构对项目进行中期评估，及时发现存在的问题，制定应对措施，推动项目绩效目标顺利完成

因此，政府相关部门应积极响应政策文件要求，鼓励推进第三方专业机构开展 PPP 项目绩效评价，通过委托第三方专业机构提供绩效评价咨询服务，既可以提高政府的办事效率，符合专业人做专业事的 PPP 精神，又有助于促进公平公正和减缓社会矛盾。

3. 我国还未建立第三方监督评估体系

从发达国家 PPP 发展情况来看，PPP 项目的运营监督和绩效评估，第三方机构起着重要的作用。

现实情况是，就 PPP 项目绩效考核，目前，我国还未建立权威、公正的第三方监督评估体系，第三方机构还不能全程深入参与 PPP 项目的监督评估。换句话说，专业的第三方机构还不能成为促进 PPP 发展的重要力量。

事实上，作为 PPP 项目的利益相关方，无论是政府还是社会资本，都对中立权威的第三方机构有着现实的需求。比如部分 PPP 项目，社会资本以超低价格中标后，常常以各种理由拖延施工，要求政府在部分核心条款上作出让步，或者在项目建成后运营过程中以各种理由要求提高运营费用。在此情形下，地方政府要么作出让步，承担更多的项目风险；要么据理力争，此时项目往往停滞。总的来说，政府很难承担项目中止或者终止的不良后果，常常处于进退两难的境地。而从社会资本的角度来看，政府部门既是项目的主导者，又是项目的监管者，可以说既是"运动员"，又是"裁判员"，地位比较强势，对于政府部门的行政监管和项目绩效评价结果，社会资本常常被动接受。相反，如果项目监管和绩效评价有中立权威的第三方机构参与，则可以解决地方政府和社会资本双方的担忧，增加互信，为项目监管和绩效考核打开方便之门。

专家建议认为，在我国大力推广 PPP 的当下，要通过大力发展第三方组织及机构，对 PPP 项目的绩效目标实现情况、运营管理、资本使用、公共服务质量和公众满意度进行绩效考核与评估，评估结果作为政府监管及补贴的重要依据。同时，评估结果应依法向社会公开，接受社会监督。进一步而言，由第三方主导的 PPP 项目绩效考核不仅代表政府方监督社会资本方，还可以代表社会公众监督政府方和社会资本方的合作关系，从而提升双方合作的效率，实现经济和社会效益的最大化。

4. 选择第三方绩效考核机构的要求

（1）专业性与独立性。

就我国而言，目前，我国有关 PPP 项目绩效考核的相关政策中，并没有对 PPP 项目绩效考核第三方机构相关资质要求做出明确细致的规定。梳理发现，关于 PPP 项目绩效考核委托第三方专业机构的问题，只是一些宏观或原则性的规定，比如财金〔2016〕92 号文对 PPP 项目绩效的规定是"各级财政部门应当会同行业主管部门在 PPP 项目全生命周期内，按照事先约定的绩效目标，对项目产出、实际效果、成本收益、可持续性等方面进行绩效评价，也可委托第三方专业机构提出评价意见"。

虽然政策文件规定第三方机构可以对 PPP 项目进行绩效考核，但对于第三方机构在 PPP 项目绩效考核中的角色和定位，各个监管部门之间的意见尚未统一，相关政策文件中也存在不同的规定，如根据上述财金〔2016〕92 号文，PPP 项目绩效考核的主体仍然是政府的财政部门（会同行业主管部门），第三方机构的角色则是受政府部门的委托，作为政府部门的受托对象，以外部"顾问"的角度提出意见，但最终的意见是否被政府部门采纳则存在不确定性。也就是说，第三方机构绩效考核的独立性需要加强。专家指出，此种模式并不能称为真正意义上的第三方绩效考核。

当然，并非所有文件都弱化第三方机构绩效考核的独立性，也有文件规定第三方机构主导绩效考核模式，同样，财政部发布的《关于推进水污染防治领域政府和社会资本合作实施意见》（财建〔2015〕90号），在规定水污染治理PPP项目的绩效考核时，就未提到以政府部门为主体，而是强调"推广第三方绩效评价，形成评价结果应用机制和项目后评价机制"，即由第三方机构对PPP项目的绩效考核中技术性问题作出考核评价，政府部门需要对评价结果加以应用，作为决定是否调整社会资本方获得的项目回报的参考依据。在这种模式下，绩效评价与决定的程序相分离，第三方机构具有较大的自主权及独立性。

（2）严格选择第三方机构。

政府聘请第三方机构进行PPP项目绩效考核属于政府购买服务，因此应当遵守政府购买服务的相关程序要求。

我国有专门的政府购买服务法律法规，《政府购买服务管理办法（暂行）》（财综〔2014〕96号）第四条规定："政府购买服务的主体是各级行政机关和具有行政管理职能的事业单位。"实践中，应结合PPP项目的特点，按照相关规定采用公开招标、邀请招标、竞争性谈判、单一来源采购等采购程序。需要重点指出的是，从程序上严格第三方机构的选择，可以达到两个目的：一是保证委托第三方机构程序的规范性、公开性和竞争性；二是保证最终选定的第三方机构真正具备开展PPP项目绩效考核与评价的能力。

当然，为了从最大程度上保证政府选择的第三方机构的中立性和独立性，建议投资PPP项目的社会资本参与第三方机构的选择。这一点类似于仲裁机构，通过双方共同选定仲裁员，可以从最大程度上避免后期实践操作中PPP项目绩效考核结果的争议问题。

（3）第三方机构主体。

近年来，针对PPP模式的推广，我国各类PPP专业第三方机构纷纷成立，对PPP模式在我国的大力推广起到了重要的推动作用。目前，我国咨询公司、资产评估机构、会计师事务所、法律服务机构等均积极参与PPP相关业务。在众多的PPP第三方机构中，既有专业的综合类投资咨询公司，又有以财务为主的咨询公司，还有招标类的公司以及会计师事务所、审计师事务所、律师事务所等。

使用者付费 PPP 项目绩效考核问题

在 PPP 项目操作中，科学完善的绩效考核机制是政府方提高财政资金使用效率、维护广大社会公众切身利益以及监督社会资本方高效履行项目相关义务的必要手段。

PPP 理念主要包括依法依合同平等合作、风险分担、全生命周期绩效管理等，PPP 不仅是基础设施及公共服务融资手段，更是转变政府职能、建立现代财政制度等的重要手段。

PPP 项目的回报机制一共有三种，分别是使用者付费、"使用者付费＋可行性缺口补贴"和政府付费。根据《全国 PPP 综合信息平台项目库第 9 期季报》，截至 2017 年 12 月末，管理库项目共计 7137 个，累计投资额 10.8 万亿元，覆盖 31 个省（自治区、直辖市）及新疆生产建设兵团和 19 个行业领域。在回报机制方面，使用者付费项目 1323 个、投资额 1.6 万亿元，分别占管理库的 18.5% 和 14.7%；政府付费项目 2884 个，投资额 3.3 万亿元，分别占管理库的 40.4% 和 30.6%；可行性缺口补助项目 2930 个、投资额 5.9 万亿元，分别占管理库的 41.1% 和 54.7%。

2017 年 11 月，财政部印发了《关于规范政府和社会资本合作（PPP）综合信息平台项目库管理的通知》（财办金〔2017〕92 号），要求严格新项目入库标准，其中未建立按效付费机制的 PPP 项目不得入库，包括通过政府付费或可行性缺口补助方式获得回报，但未建立与项目产出绩效相挂钩的付费机制的；政府付费或可行性缺口补助在项目合作期内未连续、平滑支付，导致某一时期内财政支出压力激增的；项目建设成本不参与绩效考核，或实际与绩效考核结果挂钩部分占比不足 30%，固化政府支出责任的。

毋庸置疑，对于政府付费项目或可行性缺口补助项目来说，应该以绩效考核结果来确定政府付费的数额。对于使用者付费项目是否需要绩效考核？对此，业内仍存有一定的争议。

有观点认为，由于使用者付费不涉及政府的财政预算安排，不构成政府的债务风险，因此对于 PPP 项目的绩效问题，只需监督检查项目的可用性即可。但更多的观点认为，PPP 项目作为一种带有公益性质的项目，虽然有的项目如供水、供暖、供气、供电等采用的是使用者付费回报机制（部分项目也采用"使用者付费＋可行性缺口补贴"），但社会资本或项目公司提供的数量、质量同样与广大社会公众的切身利益相关，不能背离政府推广 PPP 项目的初衷。因此，需要对使用者付费项目严格进行绩效考核，从法律和制度上约定社会资本或项目公司的权利义务，提高项目的投资效率和公平。

事实上，对于使用者付费 PPP 项目来说，同样需要绩效考核。2014 年 11 月，财政部发布《关于印发政府和社会资本合作模式操作指南（试行）的通知》（财金〔2014〕113 号），明确指出在项目执行阶段，开展绩效监测，将政府付费、使用者付费与绩效评价挂钩，并将绩效评价结果作为调价的重要依据，确保实现公共利益最大化。此外，在移交阶段，项目移交后要进行绩效评价，对项目的产出、成本效益、监管成效、可持续性、政府和社会资本合作模式应用等进行绩效评价，评价结果作为政府开展政府和社会资本合作管理工作决策参考依据。

对于社会资本或项目公司来说，当投资项目的全部回报来自使用者付费时，一方面，需要获得预期回报，才能够保障偿还银行贷款、获得预期收益、维持项目运营；另一方面，为了追求项目投资回报收益的最大化，自身有动力不断提高运营质量来提高使用者付费的数额，即不断提高运营效率。

对于政府和广大社会公众来说，只有对项目严格进行绩效考核，才能监督、促进社会资本或项目公司提供优质的公共服务，并不断提高项目建设运营质量。

因此，无论是对政府、社会资本、社会公众来说，还是对于使用者付费的 PPP 项目来说同样需要进行科学的绩效考核。

自 2017 年以来，我国开始规范 PPP 项目的实施，并贯彻 PPP 模式"以运营为核心、以绩效为导向"的理念，改变"重建设轻运营"的弊端，真正做到通过按效付费机制提高公共服务质量。

以某供水 PPP 项目为例，项目采取使用者付费机制，政府对项目进行绩效考核，运营维护期内，政府主要通过考核的方式对项目公司服务绩效水平进行考核，并将考核结果与供水服务费挂钩。运营维护期考核指标分为不同层级：基本考核指标全部达标方能获得 100% 基准运维绩效付费；不达标的按照考核办法减付基准运维绩效付费；奖励考核指标达标的按考核办法增付奖励运营绩效付费。

PPP 绩效考核的关键指标体系

目前，国家发改委、财政部相关文件中，只是明确提出对 PPP 项目的财政支出，要进行绩效考核，"财政补贴以项目运营绩效评价结果为依据""PPP 合同明确项目付费与绩效评价结果挂钩""建立与项目产出绩效相挂钩的付费机制"，至于怎么考核，用哪些指标进行考核，由于项目涉及领域宽，行业种类多，没有统一的制定，要求相关部门根据自身行业特点制定相应具体的绩效考核办法。据此，国家交通运输、水利、环保等一些部门和机构搞了一系列庞杂、臃肿、累赘、形式主义而又不具有实效的考核体系和指标，比如有的把领导班子是否健全作为一项打分指标，什么叫"健全"？一正两副、还是一正四副？有的又把国家建设标准套搬过来，符合某某 GB 得多少分，那还要工程监理和竣工验收干什么？

PPP 作为一种长期的合作伙伴关系，一切考核都应该在平等互利、公正互让、合作共赢的原则下思考，一切指标都应该精准、科学、简便、有效。

1. 建立 PPP 绩效考核机制与体系

财政部《印发关于〈PPP 物有所值评价指引（试行）〉的通知》（财金〔2015〕167 号第十四条）指出，"绩效导向与鼓励创新指标主要考核是否建立以基础设施及公共服务供给数量、质量和效率为导向的绩效标准和监管机制"的要求，体现了 PPP 合作模式的本质目的——提高效率、降低成本、提供优质高效的公共基础实施和公共服务。

20 世纪 90 年代初，美国诺顿研究机构认为：现有的以财务和会计计量为基础的绩效考核方法变得越来越模糊，期望寻找出超越传统模式的绩效考核方法，让组织的"战略目标"科学、高效、合理地变为现实。

1987 年，美国 Analog Device（ADI）公司为将公司的战略目标转化为年度目标考核，在原财务指标考核的基础上，选择三个重要的相关利益者——员工（包括股东）、客户和供应商的利益，分设三个重点战略目标，推行了 QIP（Quality Improvement Process）的绩效考核，执行总裁戴维·诺顿（David P. Norton）聘请哈佛商学院罗伯特·卡普兰（Robert S. Kaplan）教授作为学术支持，创建了第一张"平衡计分卡"。

1990 年，美国 Nolan – Norton 开始了新的公司绩效考核模式开发，参与的除上述的 ADI 外，还有通用电气、杜邦、惠普等 12 家著名的公司。在 ADI 计分卡基础上进行了深化、优化和扩展。于 1992 年发布了一种绩效管理和绩效考核工具，即 Balance Score Card（BSC），这就是目前国际上许多现代企业和组织绩效考核通常使用的平衡计分卡模型。

PPP 绩效考核与 BSC 绩效平衡计分卡模型的共同点都是选取重点利益相关者的重点利益为考核内容，进行关联制约平衡绩效考核。PPP 模式把"提高效率、降低成本、最大限度提供优质丰富的公共基础设施和公共服务产品"的目的也体现出三个重点和相关的利益相关者——政府、社会资本方和社会公众方。因此，把 BSC 绩效平衡计分卡思维模型纳入 PPP 绩效考核，结合我国 PPP 模式的实际，建立科学、规范、合理的绩效考核机制，是十分科学和必要的。

绩效考核中，需要考核的因素太多，并且由于考核对象所涉及的领域、行业和具体产业、产品、服务对象的不同，其需要考核的因素也不尽相同，怎么来考核呢？是尽可能更广地把所有需要考核的因素囊括到绩效考核指标中，还是选取最关键因素作为考核指标呢？

1897 年，意大利经济学家帕累托（Pareto）在数据调查分析中发现，20% 的人占有 80% 的财富。从而总结出了"二八定律"（The 80/20 Rule），也叫帕累托法则（Pareto Principle），这一定律是指无论任何一组事物，其最重要的只有一小部分，约占 20%，一大部分约占 80% 的都是次要的，把这一定律应用于绩效考核，就演变成我们通常使用的 KPI（Key Performance Indicator）关键绩效指标考核思维模型。

这一思维模型，要求我们根据"二八定律"，按照 SMART 原则（Specific：明确具体不笼统；Measurable：量化重大可获得；Attainable：目标适当可实现；Relevant：关联密切价值高；Time – bound：时限特定时效强）选取关键性指标，建立绩效考核指标体系。

PPP 模式涉及能源、交通运输、环保、水利、农业、林业、公共基础设施及公共服务等领域，每个领域需要考核的因素庞杂而繁多，并且由于 PPP 模式中 BOT、DBOT、DBFOT、BOOT、TOT、ROT 等交易结构不同，其需要考核的因素更多，更不容易选择。

因此，笔者认为，采用 KPI 关键绩效指标考核思维模型，以"二八定律"为理论基础，按照 SMART 的原则结合 PPP 模式的实际情况选取关键指标，建立 PPP 绩效考核指标体系是科学和智慧的选择（见图 3 – 1）。

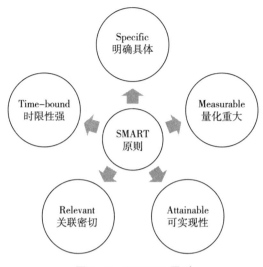

图 3 - 1　SMART 原则

综上所述，在日新月异，日益发达，正在形成的人工智能（AI）、区块链（Blockchain）、云计算（Cloud）、大数据（Data）等（ABCD + X）的新经济技术周期和正在形成的新零售（New Retail）、新制造（New Manufactures）、新物流（New Logistics）、新金融（New Financial）以及新媒体（New Media）等（5N + X）新商业模式的环境下，PPP 模式的绩效考核机制和指标体系的建立，用 BSC（Balance Score Card）绩效平衡计分卡思维模型 + KPI 关键绩效指标考核思维模型 + BIM（Building Information Modeling）建筑信息化思维模型，笔者把它简称为 BKB（BSC + KPI + BIM）组合思维模型，结合中国 PPP 模式的实际情况，从 PPP 产出数量、质量、效率和财务四个重要维度建立 PPP 模式绩效考核的关键指标体系（见图 3 - 2）。

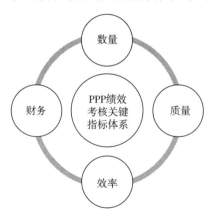

图 3 - 2　中国 PPP 模式绩效考核关键指标体系示意图

（1）PPP 产品（服务）产出数量指标。

PPP 合作模式的关键目标之一是从数量上向社会公众提供公共基础设施及服务，从数量上满足人类社会日益增长的对公共基础实施和公共服务的需求。为了满足这一需求，政府首先提出了满足这一需求的数量计划，并把这种数量计划通过本区域"财政承受能力评价""PPP 物有所值评价"和"PPP 实施方案"等前期准备阶段的工作，经审核批准入库并通过市场化招标遴选出社会资本方达成PPP 合同，成立 SPV 公司后转入执行阶段，通过建设或者营运，向社会公众提供一定数量的公共服务产品和服务。因此根据 BKB（BSC + KPI + BIM）组合思维模型和 PPP 的这一目标，首先要从 PPP 产出的数量和实际提供的数量上进行考核，即将其确定为 PPP 产出数量指标。

（2）PPP 产品（服务）质量指标。

PPP 产品（服务）是涉及社会公众国计民生、千家万户的特殊产品和服务，不是普通的产品和服务，其产品（服务）质量，关系到国家安全和社会公众安全，甚至关系人民的生命财产安全。因此，PPP 产品（服务）的质量目标至关重要。根据 BKB（BSC + KPI + BIM）组合思维模型和 PPP 的这一目标，将其确定为 PPP 绩效考核关键性指标之一。

（3）PPP 产品（服务）效率指标。

选择 PPP 合作模式最主要的目标之一是提高向社会公众提供公共产品（服务）的效率，如果效率还不如传统建设模式，那就没有采取 PPP 模式的必要了。根据 BKB（BSC + KPI + BIM）组合思维模型和 PPP 的这一目标，从 PPP 产品（服务）的时间效率、成本费用率和公众满意度三个方面，对 PPP 产品（服务）进行绩效考核。

（4）PPP 产品（服务）财务评价指标。

PPP 合作模式要作为一种长期的发展的经济模式，就必须具有可持续性，要具有可持续性，就必须具有相应的财务存在能力，要有财务存在能力就必须有财务现金流，达到包括 PPP 项目所应该达到的含合理利润在内的投资收益自求平衡。根据 BKB（BSC + KPI + BIM）组合思维模型和 PPP 的这一特性，从 PPP 产品（服务）的财务评价作为 PPP 绩效考核的关键性指标之一，从盈利能力、偿债能力和财务存在能力三个方面进行考核。

2. PPP 模式绩效考核关键指标体系设计思路

由于 PPP 模式交易结构的不同，其特点不同，考核主体的目的不同，其选择重点也不尽一致。

比如作为政府方，其考核的关注点更注重 PPP 产品（服务）的提供数量和质量的考核；具有支出责任的财政部门，其考核的关注点更注重以财政全付费或财政性缺口补贴付费的 PPP 产品（服务）的效率考核及其支付依据；社会资本方更关注是 PPP 产品（服务）财务指标，因为他更关注是项目的利润、偿债能力和财务存在能力。在设计上，我们初步把 PPP 绩效考核关键指标分为三级：其中一级指标分为数量、质量、效率和财务四个指标；二级指标根据一级指标的需要进行相应的设置；三级指标根据二级指标考核需要自行选择设置。框架如图 3-3 所示。

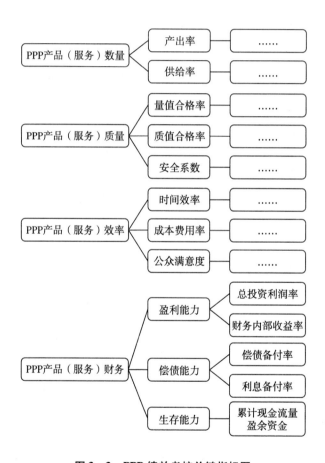

图 3-3 PPP 绩效考核关键指标图

根据上述设计思路，将 PPP 绩效考核关键指标体系框架转换成为方便计算考核使用的样表（见表 3 - 8）。

表 3 - 8　PPP 绩效考核关键指标体系参考样表

一级指标	分值	二级指标	分值	三级指标	分值	指标说明	评分标准
PPP 产品（服务）数量	20	产品（服务）产出率	10			公共产品（服务）数量是否达到预期目标	按比例增减分
		产品（服务）供给率	10			公共产品（服务）供给是否达到预期目标	同上
PPP 产品（服务）质量	30	量值合格率	10			按设计数量验收，是否达到预期标准	同上
		质值合格率	10			按照国家或行业标准检测，是否合格	同上
		安全系数	10			按照国家或行业安全标准检测，测算安全与风险系数	同上
PPP 产品（服务）效率	20	时间效率	5			计划产出时间与实际产出时间比	同上
		成本费用率	5			计划成本费用率与实际成本费用率之比	同上
		公众满意度	10			客户问卷或其他测评方式满意度	同上
PPP 产品（服务）财务评价	30	盈利能力	10	总投资利润率	5	从静态分析看 PPP 模式下 SPV 公司是否有合理利润	同上
				财务内部收益率	5	从动态分析看 PPP 模式下社会资本方是否有合理利润	同上
		偿债能力	10	偿债备付率		测试分析 PPP 项目建设营运中是否具有偿还债务本息的能力	同上
				利息备付率		测试分析 PPP 项目建设营运中是否具有偿还债务利息的能力	同上
		财务生存能力	10			测算净现金流量和累计盈余资金，观察项目财务生存能力	同上

表 3 - 8 以百分制考核打分方式设置，分值权重以第三方角度全面考核 PPP 模式下向社会公众提供公共产品（服务）的数量、质量、效率和可持续性。质量和财务的权重偏重于数量和效率 10%，其主要是考虑作为公共产品和公共服务，其质量关系所有享受其公共产品（服务）者的安全，这种公共安全甚至于

是国家安全，所以质量就是 PPP 合作模式的生命，质量高于一切。

而财务却是 PPP 能否合作的经济基础，任何一种 PPP 合作模式，如果离开经济基础，连财务生存能力、还款能力和合理利润都没有，是不可能在公平的市场环境中，实现长期合作和可持续发展的。

在二级指标的设计中，将公众满意度指标权重在同一个一级指标下加重分量，是因为公共产品和公共服务，都是由社会公众为受众的，是我们实施 PPP 的根本目的之一。

3. PPP 项目绩效考核的计算

（1）PPP 产品（服务）数量指标。

1）PPP 产品（服务）产出率：考核期内 PPP 通过投资、融资、建设、营运等所获得的公共产品（服务）的数量。其计算公式为：

$$R_{PPP} = \frac{Y_a}{Y_p} \times 100\% \qquad (3-1)$$

$$PPP\ 产品（服务）产出率 = \frac{PPP\ 产品（服务）实际产出量}{PPP\ 产品（服务）计划产出量} \times 100\%$$

式中，R_{PPP} 代表 PPP 产品（服务）产出率；

　　　Y_a 代表计算期 PPP 产品（服务）实际产出量；

　　　Y_p 代表计算期 PPP 产品（服务）计划产出量。

例：某养老 PPP 项目，其计划提供养老床位 1000 床，年床位周转率为 1.2，满负荷能提供 1200 人/次养老床位，实际建成 1000 床，能实际投入使用的 990 床，年床位周转率只有 1.1，其产出率计算为：该项目 PPP 产品（服务）实际产出量 $Y_a = 990$ 个床位，计划产出 1000 个床位代入公式：$R_{PPP} = \frac{Y_a}{Y_p} \times 100\% = \frac{990}{1000} \times 100\% = 99\%$，即该养老项目的 PPP 养老服务产出率为 99%。

2）PPP 产品（服务）供给率。考核期内 PPP 通过投资、融资、建设、营运等所获得的公共产品（服务）的供给数量。其计算公式为：

$$R_{PPP}^f = \frac{O_a}{O_p} \times 100\% \qquad (3-2)$$

$$PPP\ 产品（服务）供给率 = \frac{PPP\ 产品（服务）实际供给量}{PPP\ 产品（服务）计划量} \times 100\%$$

式中，R_{PPP}^f 代表 PPP 产品（服务）供给率；

O_a 代表 PPP 产品（服务）实际供给数量；

O_p 代表 PPP 产品（服务）计划供给数量。

同样以上例养老 PPP 项目为例，其计划供给数量为 1200 人/次，由于其实际投入使用的床位周转率没有满足设计的 1.2 的供应负荷，只有 1.1，约等于 91.67%，其实际养老供给量为 990 × 1.1 = 1089 人/次。

代入公式得：$R_{PPP}^f = \dfrac{O_a}{O_p} \times 100\% = \dfrac{1089}{1200} \times 100\% = 90.75\%$

即该养老 PPP 项目的供给产出率为 90.75%。

（2）PPP 产品（服务）质量指标。质量指标主要分为量值合格率、质值合格率和安全系数三个绩效考核指标：

1）PPP 产品（服务）量值合格率：这里所指量值合格，是指一个单体 PPP 产品（服务）从整体数量满足质量指标要求，而从局部个体数量不能满足质量指标要求的质量标准。如假设一个大型单体公共设施或公共服务产品，从单个数量是正确的，但其局部的、内部的、细部的是"偷工减料""滥竽充数"而没有达到数量要求的质量问题。如一个湿地公园，其红线面积是合格的，但许多内部的步道、景观、给排水管道；又如一条道路，长度数量满足指标，但宽度、倾斜度等是否从数量上满足指标要求，相当于从在整体数量满足的情况下，通过局部数量从质的角度进行补充的一个指标。

其计算公式为：

$$Q_{PPP}^n = \frac{\left(\dfrac{N_{a1}}{N_{p1}} + \dfrac{N_{a2}}{N_{p2}} + \cdots + \dfrac{N_{an}}{N_{pn}}\right)}{N} \times 100\% \qquad (3-3)$$

PPP 产品（服务）量值合格率 $= \sum \dfrac{实际完成局部产品（服务）数量}{计划完成局部产品（服务）数量} \times 100\%$

式中，Q_{PPP}^n 代表量值合格率；

$\sum N_{a1} + N_{a2} + \cdots + N_{an}$ 代表无数个实际完成的局部数量；

$\sum N_{p1+Np2} + \cdots + N_{pn}$ 代表无数个计划完成的局部数量；

N 代表局部检测计算的个数。

例：某个 PPP 湿地公园项目，规划占地面积 266800m²，通过 SPV 司投融建向社会公众提供一个环境优美、景色宜人的休闲场所。经竣工验收，该项目从整体数量上完成了 266800m² 计划景观灯 600 盏，实际 580 盏；计划植绿面积

$380000m^2$，实际 $360000m^2$；计划水池面积 $100000m^2$，实际 $99000m^2$。

该项目的量值合格率如下：

$$Q_{ppp}^n = \frac{\left(\dfrac{N_{a1}}{N_{p1}} + \dfrac{N_{a2}}{N_{p2}} + \cdots + \dfrac{N_{an}}{N_{pn}} \right)}{N} \times 100\% = \frac{\dfrac{580}{600} + \dfrac{360000}{380000} + \dfrac{99000}{100000}}{3} \times 100\% = 96.8\%$$

即该湿地公园的量值合格率为 96.8%。

2）PPP 产品（服务）质值合格率。是指对标国家建筑、环保等相关行业质量技术标准检测验收合格的比率。其计算公式为：

$$Q_{ppp} = \frac{\sum \left(\dfrac{q_{a1} - q_{s1}}{q_{s1}} + \dfrac{q_{a2} - q_{s2}}{q_{s2}} + \cdots + \dfrac{q_{an} - q_{sn}}{q_{sn}} \right)}{N} \times 100\% \qquad (3-4)$$

式中，Q_{ppp} 代表 PPP 产品（服务）质值合格率；

　　　$q_{a1} \cdots q_{an}$ 代表实际检测结果值；

　　　$q_{s1} \cdots q_{sn}$ 代表国家相关行业质量技术标准值。

例：某供排水公司是一个 PPP 项目 SPV 公司，属于地处按照国家 GB3095 II 类区域的城镇污水处理厂，通过 PPP 模式向公众提供污水处理服务，经国家相关部门检测，该厂废气排放相关指标如表3-9所示。

表3-9　某污水处理厂厂界（防护带边缘）废气排放浓度检测

单位：mg/m^3

序号	控制项目	检测结果	国家二级标准	误差
1	氨	2，0	1.5	+0.5
2	硫化氢	0.03	0.06	—
3	臭氧浓度（无量纲）	22	20	+2
4	甲烷（厂区最高体积浓度%）	1	1	—

按照国家 GB18918—2002《城镇污水处理厂污染物排放标准》，该厂处于 II 类区域，按照一、二、三级标准，适用二级标准，上表四项检测结果中有两项达标，其中硫化氢排放指标达到国家一级标准，甲烷浓度符合国家标准，而氨和臭氧浓度排放只达到三级标准，其质量合格率指标绩效考核计算达标的按照 100% 计算如下：

$$CQ_{ppp} = \frac{\sum \left(\dfrac{q_{a1} - q_{s1}}{q_{s1}} + \dfrac{q_{a2} - q_{s2}}{q_{s2}} + \cdots + \dfrac{q_{an} - q_{sn}}{q_{sn}} \right)}{N} \times 100\%$$

$$Q_{ppp} = \frac{\sum \left(\dfrac{0.5}{1.5} + \dfrac{100}{100} + \dfrac{2}{20} + \dfrac{100}{100} \right)}{4} = 60.83\%$$

该 SPV 公司的质值合格率为 60.83%，该结果明显优于简单算术平均法计算的结果，若以简单算术平均法计算可以看出，达标 2 项，不达标 2 项，合格率仅为 50%。

3）PPP 产品（服务）安全系数。此安全系数的含义，包括但不限于工程力学方面的含义，还包括 PPP 产品（服务）的全部设施安全、社会治安安全等，该指标可以根据考核者需求，进一步设立细化第三级绩效考核指标：如社会治安安全、设施设备维护安全、防火安全等。其计算主要借助于工程力学的极限应力与许用应力之比的方法进行计算。即把一切不安全的因素进行分类排列，按照"极限应力"与"许用应力"之比进行计算，估计其安全系数。其计算公式为：

$$S_{PPP}^{f} = \frac{E_S}{A_s} \geqslant 1$$

$$PPP \text{ 产品（服务）安全系数} = \frac{\text{极限应力}}{\text{许用应力}} \geqslant 1 \tag{3-5}$$

式中：S_{ppp}^{f} 代表 PPP 产品（服务）安全系数；

E_s 代表极限应力；

A_s 代表许用应力。

在实际应用中，可结合 PPP 实施方案和前期评估论证，把风险评估相关内容结合进行绩效考核，按照综合风险等级一般采用矩阵列表法，把风险等级分为：K、M、T、R、I 五个等级，如表 3-10 所示。

表 3-10　风险评估表

综合风险等级		风险影响的程度			
		严重	较大	适度	低
风险的可能性	高	K	M	R	R
	较高	M	M	R	R
	适度	T	T	R	I
	低	T	T	R	I

K（Kill）风险等级很强，必须放弃项目；

M（Modify Plan）风险强，需修改方案、改变设计或采取补偿措施调整；

T（Trigger）风险较强，设定某些指标的临界值，变更方案采取补偿措施；

R（Review and Reconsider）风险较小，适当采取措施后不影响项目；

I（Ignore）风险弱，可以忽略。

根据该等级，假设将 T 作为极限应力，"R"和"I"作为许应力，即是"R"和"I"级的风险指标必须≥1。

根据：$S_{ppp}^f = \dfrac{E_s}{A_s} \geq 1$

得：$S_{ppp}^f = \dfrac{T}{R. I. K. M} \geq 1$，即可得出：只有在综合风险等级低于等于"T"的情形下，PPP 产品（服务）才处于安全系数许可的范围之内。也就是风险矩阵列表在"T. T. R. I"的情况下，项目才处于安全许可范围之内。

综上所述，多因素安全系数考核，可以使用原 PPP 实施方案或合同中约定的 PPP 产品（服务）安全系数与考核期实际安全系数之比来计算，其计算公式为：

$$S_{ppp}^f = \frac{\sum \left(\dfrac{S_{a1}^f}{S_{p1}^f} + \dfrac{S_{a2}^f}{S_{p2}^f} + \cdots + \dfrac{S_{an}^f}{S_{pn}^f} \right)}{N} \times 100\% \qquad (3-6)$$

例：某 SPV 公司投资建设营运的某 PPP 养老日间照护中心，原 PPP 合同与考核期的各项安全指标如表 3-11 所示：

表 3-11　各项安全指标

序号	安全指标	PPP 合同	考核期实际	偏离度
1	工程安全系数	1.3	1.27	−0.03
2	设施安全系数	1.5	1.4	−0.1
3	设备安全系数	1.4	1.38	−0.02
4	防火安全系数	1.2	1.19	−0.01
5	餐饮安全系数	1.1	1.1	0

代入公式得：$S_{ppp}^f = \dfrac{\sum \left(\dfrac{1.27}{1.3} + \dfrac{1.4}{1.5} + \dfrac{1.38}{1.4} + \dfrac{1.19}{1.2} + \dfrac{1.1}{1.1} \right)}{5} \times 100\% = 97.75\%$

该 PPP 养老产品（服务）的各项安全系数都控制在≥1 的范围内，其安全系数绩效完成率为 97.75%。

（3）PPP 产品（服务）效率指标。

本指标主要分为时间效率、成本费用率和公众满意度三个二级指标。

1）PPP 产品（服务）时间效率指标：主要是指 SPV 公司与政府之间 PPP 合同和实施方案中约定的 PPP 产品（服务）产出时间与考核期实际提供的 PPP 产品（服务）的时间之比。其单项产品（服务）计算公式为：

$$T_{ppp}^{f} = \left(1 - \frac{T_a - T_p}{T_p}\right) \times 100\% \qquad (3-7)$$

式中，T_{ppp}^{f} 代表 PPP 产品（服务）时间效率；

T_a 代表实际提供 PPP 产品（服务）时间；

T_p 代表合同或实施方案计划约定 PPP 产品（服务）产出时间。

多子项的时间绩效指标为各单项时间绩效之和平均计算公式为：

$$\overline{T_{ppp}^{f}} = \frac{\sum \left(1 - \frac{T_{a1} - T_{p1}}{T_{p1}} + 1 - \frac{T_{a2} - T_{p2}}{T_{p2}} + \cdots + 1 - \frac{T_{an} - T_{pn}}{T_{pn}}\right)}{N} \times 100\%$$

$$(3-8)$$

式中：$\overline{T_{ppp}^{f}}$ 代表多子项时间绩效达标率；

$\sum \left(1 - \dfrac{T_{a1} - T_{p1}}{T_{p1}} + 1 - \dfrac{T_{a2} - T_{p2}}{T_{p2}} + \cdots + 1 - \dfrac{T_{an} - T_{pn}}{T_{pn}}\right)$ 代表各子项时间绩效达标率之和；N 代表子项项数。

例：某 SPV 公司与某政府签订 PPP 合同，约定向社会公众提供医疗康养结合的 PPP 产品（服务）时间和考核期实际时间情况如表 3-12 所示。

表 3-12　某医疗康养 PPP 项目考核指标

序号	时间绩效指标	合同时间数（天）	实际时间数（天）	偏离度 ±（天）
1	日间照料床位提供时间	360	370	+ 10
2	医疗保健床位提供时间	390	415	+ 25
3	家属探望互动场所提供时间	420	440	+ 20

该项目实际提供产品（服务）时间都没有按照合同即期完成，而是超期完成，

日间照料床位提供时间完成率，如 $\left(1-\dfrac{T_a-T_p}{T_p}\right)\times100\%=\left(1-\dfrac{370-360}{360}\right)\times100\%=97.23\%$ ；医疗保健床位提供时间完成率 $=\left(1-\dfrac{415-390}{390}\right)\times100\%=93.59\%$ ；家属探望互动场所提供时间完成率 $\left(1-\dfrac{440-420}{420}\right)\times100\%=95.24\%$ 。

该 SPV 公司向社会公众提供的医疗康养 PPP 产品（服务）综合时间效率 =

$$\dfrac{\sum\left(1-\dfrac{T_{a1}-T_{p1}}{T_{p1}}+1-\dfrac{T_{a2}-T_{p2}}{T_{p2}}+\cdots+1-\dfrac{T_{an}-T_{pn}}{T_{pn}}\right)}{N}\times100\%=95.35\%\text{。}$$

2）PPP 产品（服务）成本费用率指标。本指标主要从资金投入与产出效率的角度考核 PPP 产品（服务）的效率。

其计算公式为：$CER=\dfrac{TCC}{TOI}\times100\%$ 　　　　　　　　　　（3－9）

式中：CER 代表成本费用率；

　　　TCC 代表成本费用总额；

　　　TOI 代表营业收入。

其中，TCC 成本费用总额包括考核期营业成本 + 期间费用，期间费用包括不便于量化到单位产品中去的管理费用、财务成本等。

成本费用率绩效完成率：$\overline{CER}_{ppp}=\left(1-\dfrac{CER_a-CER_p}{CER_p}\right)\times100\%$

式中，$\overline{CER}_{ppp}$ 代表 PPP 产品（服务）成本绩效；

CER_a 代表考核期实际成本费用率；

CER_p 代表 PPP 合同或目标计划成本费用率。

例：某 SPV 公司在某供排水 PPP 项目的投融建和营运过程中，按照 PPP 合同，某一年的成本费用总额为 1.2 亿元，估算营运收入为 1.5 亿元，实际考核期成本费用总额为 1.25 亿元，实际营运收入为 1.68 亿元，其考核绩效计算如下：

计划：$CER_p=\dfrac{12000}{15000}\times100\%=80\%$ ；

实际：$CER_a=\dfrac{12500}{16800}\times100\%=74.4\%$ ；

其绩效完成率 $\overline{CER}_{ppp}=\left(1-\dfrac{CER_a-CER_p}{CER_p}\right)\times100\%=\left(1-\dfrac{74.4-80}{80}\right)\times$

100% = 107%，实际成本费用优于合同或者目标成本费用。

3）PPP 产品（服务）公众满意度指标：所谓"公众满意度"而不是"客户满意度"，是因为 PPP 产品（服务）的公益性，商业性和以盈利为目的的，其对象是"客户"，而作为公益性向社会公众的，因此叫"公众"。

公众满意度，实际上是公众对 PPP 产品（服务）的成效、效果、效率的综合评价体现。因此，我们把它归属于 PPP 绩效考核关键一级指标"PPP 产品（服务）效率"项下，作为二级指标。

"公众满意度"调查，通常可以采用现场问卷和网络、新社交媒体如微信等问卷统计汇总测评。

其计算公式为：
$$PS_{ppp} = \frac{N_{ps} - N_{os}}{N_{ps}} \times 100\% \qquad (3-10)$$

式中，PS_{ppp} 代表 PPP 产品（服务）公众满意度；

　　　N_{ps} 代表被调查有效总人数；

　　　N_{os} 代表不满意总人数。

即，$PPP\ 产品（服务）公众满意度 = \frac{被调查总人数 - 表示不满意人数}{被调查总人数} \times 100\%$；

PPP 产品（服务）公众满意度绩效 $\overline{PS}_{ppp}$ 计算公式为：

$$\overline{PS}_{ppp} = \left(1 - \frac{PS_p - PS_a}{PS_p}\right) \times 100\% \qquad (3-11)$$

式中：PS_p 代表合同或目标计划公众满意度；

　　　PS_a 代表考核期实际测评公众满意度。

例：某 SPV 公司通过 PPP 模式投融建，向某县城提供约 3 万平方米的湿地公园栖息地，在 PPP 合同和实施方案中明确该 PPP 产品（服务）的客户满意度为 90%，某考核期通过现场发放问卷 10000 份，网络调查问卷 100000 份，现场收回有效问卷 9000 份，网络有效问卷 98600 份，统计结果如表 3-13 所示。

表 3-13　湿地公园栖息地公众满意度调查表

调查方式	有效问卷份数	满意	百分比（%）	基本满意	百分比（%）	不满意	百分比（%）
现场问卷	9000	7200	80	1000	11.11	800	8.9
网络问卷	98600	92000	93.3	1000	1.01	5600	5.68
合计	107600	99200	92.19	2000	1.86	6400	5.95

根据式 $PS_{ppp} = \dfrac{N_{ps} - N_{os}}{N_{ps}} \times 100\% = \dfrac{107600 - 6400}{107600} \times 100\% = 94.05\%$，该 SPV 公司考核期所提供的 PPP 产品（服务）公众满意度为 94.05%，根据 PPP 合同和实施方案，该公司考核期 PPP 产品（服务）公众满意度绩效为 $\overline{PS}_{ppp} = \left(1 - \dfrac{PS_p - PS_a}{PS_p}\right) \times 100\% = \left(1 - \dfrac{90 - 94.05}{90}\right) \times 100\% = 104.5\%$。社会公众满意度高于预期。

（4）PPP 产品（服务）财务评价指标。

本指标主要从财务角度考察 SPV 公司提供 PPP 产品（服务）是否具有盈利能力、偿债能力和财务存在能力，是否具有可持续性。

1）PPP 产品（服务）盈利能力指标。本二级指标项下一般通过总投资利润率和财务内部收益率两个三级指标来考核：

①总投资收益率：息税前利润与投资总额之比，考察投资人能否获得合理利润。其计算公式为：

$$ROI_{ppp} = \frac{EBIT}{TI} \times 100\% \tag{3-12}$$

式中，ROI_{ppp} 代表 PPP 产品（服务）的投资利润率；

EBIT 代表 PPP 产品（服务）息税前利润；

TI 代表 PPP 产品（服务）总投资。

其考核期投资利润率绩效计算公式为：

$$\overline{ROI}_{ppp} = \left(1 - \frac{ROI_p - ROI_a}{ROI_p}\right) \tag{3-13}$$

式中，$\overline{ROI}_{ppp}$ 代表考核期投资利润率绩效指标；

ROI_p 代表合同或实施方案目标计划投资利润；

ROI_a 代表考核期实际投资利润率。

例：某 SPV 公司通过 PPP 模式提供供排水服务，按照 PPP 合同和实施方案，合理利润率为 6.5%，考核期投资总额为 1.3 亿元，息税前利润为 900 万元。

其考核期投资利润率 $= \dfrac{EBIT}{TI} \times 100\% = \dfrac{900}{13000} \times 100\% = 6.92\%$；

其考核期投资利润率绩效指标 $= \left(1 - \dfrac{6.5 - 6.92}{6.5}\right) \times 100\% = 106.46\%$。

②财务内部收益率（FIRR）：指能使项目计算期内各年财务净现金流量的现

值之和等于零时的折现率，是考虑了资金的时间价值的动态考核方法。也就是使项目的财务净现值等于零时的折现率。计算公式如下：

$$FIRR_{PPP} = \sum_{t=1}^{n} (CI - CO)_t (1 + FIRR)^{-t} = 0 \tag{3-14}$$

式中：$FIRR_{PPP}$ 代表财务内部收益率；

   CI 代表现金流入量；

   CO 代表现金流出量；

   t 代表第 t 期的净现金流量；

   n 代表考核计算期。

其考核期财务内部收益率计算公式为：

$$\overline{FIRR}_{PPP} = \left(1 - \frac{FIRR_p - FIRR_a}{FIRR_p}\right) \times 100\% \tag{3-15}$$

例：某 SPV 公司通过 PPP 模式提供农村电力服务，PPP 合同和实施方案目标计划财务内部收益率为 6%，根据考核期现金流计算，考核期实际财务内部收益率为 5.85%，该公司考核期财务内部收益率计算公式为：$\left(1 - \dfrac{FIRR_p - FIRR_a}{FIRR_p}\right) \times$

$100\% = \left(1 - \dfrac{6 - 5.85}{6} \times 100\%\right) = 97.5\%$。

2）PPP 产品（服务）偿债能力指标。本指标主要从偿还债务资金的角度考察 PPP 的可持续性，因为 PPP 项目营运期一般都在 10 年及以上，有的长达 20~30 年，通常在该二级指标项下设立偿债备付率和利息备付率两个三级指标，不考虑流动比率和速动比率等短期债务指标。

①偿债备付率（DSCR）：借款偿还期内 SPV 公司可用于还本付息的资金与应还本付息金额之比，其计算公式为：

$$DSCR_{PPP} = \frac{EBITAD - T_{ax}}{PD} \times 100\% \tag{3-16}$$

式中：$DSCR_{PPP}$ 代表 SPV 公司偿债备付率；

   EBITAD 代表息税前利润 + 折旧和摊销；

   T_{ax} 代表企业所得税；

   PD 代表考核期应还本金和支付利息金额。

通常财务判据一般要求 DSCR ≥ 1，一些商业银行为了加强风险控制，要求 DSCR ≥ 1.2。

考核期偿债备付率绩效计算公式为：

$$\overline{DSCR}_{ppp} = \left(1 - \frac{DSCR_p - DSCR_a}{DSCR_p}\right) \times 100\% \qquad (3-17)$$

例：某 SPV 公司在 PPP 合同和实施方案中约定，分年度计算在某考核期内偿债备付率为 1.2，根据考核期相关财务数据测算，实际偿债备付率为 1.38，该 SPV 公司考核期偿债备付率计算公式为：$\overline{DSCR}_{ppp} = \left(1 - \frac{1.2 - 1.38}{1.2}\right) \times 100\% =$ 115%，该公司提供 PPP 产品（服务）偿债备付率绩效比原合同计划高 15%，说明该公司偿债能力强。

②利息备付率（ICR）：SPV 公司借款偿还期内息税前利润与应付利息金额之比。从付息资金来源充裕性角度反映 PPP 产品（服务）偿付债务利息的保障程度。

其计算公式为：

$$ICR_{ppp} = \frac{EBIT}{PI} \times 100\% \qquad (3-18)$$

式中：ICR_{ppp} 代表 PPP 产品（服务）利息备付率；

　　　　EBIT 代表息税前利润；

　　　　PI 代表考核期应付利息总额。

通常财务判据一般要求 $ICR \geqslant 1$，一些商业银行为了加强风险控制，要求 $ICR \geqslant 2$。

考核期利息备付率绩效计算公式为：$\overline{ICR}_{ppp} = \left(1 - \frac{ICR_p - ICR_a}{ICR_p}\right) \times 100\%$

$$(3-19)$$

例：某 SPV 公司在 PPP 合同和实施方案中约定，分年度计算在某考核期内利息备付率为 2，根据考核期相关财务数据测算，实际利息备付率为 2.13，该 SPV 公司考核期利息备付率计算公式为：$\overline{ICR}_{ppp} = \left(1 - \frac{2 - 2.13}{2}\right) \times 100\% =$ 106.5%，该 SPV 公司考核期偿还利息的资金比原计划更充裕，具有可持续性。

3）PPP 产品（服务）财务生存能力指标。财务生存能力分析，即通过考察 PPP 产品（服务）计算期内的投资、融资和经营活动所产生的各项现金流入和流出，计算净现金流量和累计盈余资金，分析项目是否有足够的净现金流量维持正常运行，实现财务可持续性。

方法：在分析辅助表、利润与利润分配表的基础上编制财务计划现金流量表。其计算公式为：

$$\mathrm{NCF_{ppp}} \sum (\mathrm{CI_i} - \mathrm{CO_i}) + (\mathrm{CI_f} - \mathrm{CO_f}) + (\mathrm{CI_o} - \mathrm{CO_o}) \geq 0 \qquad (3-20)$$

式中，$\mathrm{NCF_{ppp}}$ 代表财务净现金流量；

$\mathrm{CI_i} - \mathrm{CO_i}$ 代表投资活动净现金流量；

$\mathrm{CI_f} - \mathrm{CO_f}$ 代表融资活动净现金流量；

$\mathrm{CI_o} - \mathrm{CO_o}$ 代表经营活动净现金流量；

CI 代表现金流入；

CO 代表现金流出。

项目经营活动净现金流量足够大，说明财务可持续能力越强；各年累计盈余资金不应出现负数，出现负数就说明财务不具备生存能力了。

PPP 产品（服务）财务生存能力绩效计算公式为：

$$\overline{\mathrm{NCF_{ppp}}} = \left(1 - \frac{\mathrm{NCF_p} - \mathrm{NCF_a}}{\mathrm{NCF_p}}\right) \times 100\% \qquad (3-21)$$

例：某 SPV 公司通过 PPP 产品（服务）为社会公众提供某河道治理服务，原 PPP 合同和实施方案目标计划某考核期累计净现金流量为 6000 万元，考核期现金流量表（简表）主要数据如表 3-14 所示：

表 3-14　某 SPV 公司某计算期现金流量主要数据表

序号	项目	现金流量	计算期	
			1	备注
1	经营活动净现金流	5100		(1.1-1.2)
1.1	经营活动现金流入	26500		
1.2	经营活动现金流出	21400		
2	投资活动净现金流	510		(2.1-2.2)
2.1	投资活动现金流入	5400		
2.2	投资活动现金流出	4890		
3	融资活动净现金流	650		(3.1-3.2)
3.1	融资活动现金流入	9400		
3.2	融资活动现金流出	8750		
	……			
7	……			
8	净现金流量	6260		(1+2+3)
9	累计盈余资金			

根据该现金流量表代入公式得：

$$\overline{NCF}_{PPP} = \sum (CI_i - CO_i) + (CI_f - CO_f) + (CI_o - CO_o)$$

$$= \sum (26500 - 21400) + (5400 - 4890) + (9400 - 8750) = 6260$$

根据该公司原 PPP 合同和实施方案目标计划 6000 万元，该 SPV 公司财务生存能力绩效：

$$\overline{NCF}_{PPP} = \left(1 - \frac{NCF_p - NCF_a}{NCF_p}\right) \times 100\% = \left(1 - \frac{6000 - 6260}{6000}\right) \times 100\% = 104.33\%$$

该 SPV 公司净现金流量不仅 ≥ 1，而且比合同和实施方案目标计划还高 4.33%，说明该公司具有很强的财务生存能力。

第四章　PPP 项目绩效考核的三个时点

PPP 项目建设期绩效考核

PPP 项目全生命周期主要包括建设、运营、移交等阶段，就 PPP 项目绩效考核而言，根据考核时点不同，PPP 项目绩效考核可分为建设期绩效考核、运营期绩效考核和项目移交阶段的绩效考核。

建设期考核一般是指在 PPP 项目建设过程中或建设完成后，根据项目的质量、进度、投融资情况等进行考核，一般指标包括工期目标、安全目标、质量目标、投资控制目标、安全文明目标、项目管理目标等。建设期绩效考核结果是确定项目投资、运营期付费的重要依据。

严格来说，PPP 项目建设期绩效考核和传统模式验收没有本质区别，政府相关部门应在项目建设阶段和竣工验收阶段根据建设期绩效考核指标进行相应考核，要求社会资本或项目公司限期整改完毕。因此，PPP 项目建设期绩效考核的结果作为运营期可用性付费（政府付费、可行性缺口补助）计算的核心数据，政府支出的费用多少，与建设期绩效考核息息相关。

就 PPP 项目建设期绩效考核而言，关键是绩效考核指标的选择。选定建设期绩效考核指标原则主要有：一是依据国家、地方、行业、技术等规范和标准，辅以政府方要求；二是选取一级指标进行考核，分别为质量、工期、环境保护、安全生产等。

以某产业新城 PPP 项目为例，项目绩效考核体系分为建设期绩效考核、运营期绩效考核以及移交阶段绩效考核，通过制定考核办法，设置相关的考核指标和对应的权重，进行量化评分，与政府按绩效付费挂钩，建立奖励机制。鼓励项目公司节约成本、提升公共服务质量、引入优质企业、最大限度创造税收，不断提升产业新城招商口碑与服务品质。奖励金额包含在产业服务费中。产业新城 PPP 项目建设期绩效考核内容主要包括重点项目、区域的协调发展、总投资等。其中重点项目主要考核指标包括：项目进度、质量、安全、环境保护、投资控制等指标。产业新城总体发展考核指标包括：总投资、投资强度；引进产业投资、基础设施和公共服务设施投资占总投资的比重；税收；环境保护状况等。

在某河道治理 PPP 项目绩效考核办法中，项目的建设管理绩效考核实行奖罚制度，奖惩具体办法为：一是若因项目公司的原因导致未能如期通过竣工验收，项目公司除继续承担相关建设义务外，还应就此延期逐日向实施机构支付按照以下标准规定的违约金：延期一日，项目公司应向政府支付工程费用金额的1‰违约赔偿金。延误违约赔偿金总金额累计不超过单项工程建造费用总价的5%。二是项目建造师及施工员、质检员、安全员，在项目建设期内未经项目实施机构同意，不得更换或离开施工现场，否则按天处罚。其中，项目建造师每擅自离开工地1天，扣罚5000元/天。施工员、质检员、安全员每擅自离开工地1天，扣罚1000元/人/天。三是项目全部子项目竣工验收合格，但在建设期内，由于项目公司原因发生重大安全事故等产生人员伤亡、财产损失的，由项目公司自行承担相关一切责任。四是项目公司违法进行分包的，应向项目实施机构支付违约金。五是项目公司未按照规定建立应急处理机制，或应急事件处理不当，由项目公司自行承担一切损失。项目可用性补贴的支付前提为全部子项目竣工验收通过，最终确定的可用性补贴金额需根据 PPP 项目合同中相关约定计算。考核指标未达到要求，政府方可根据《PPP 项目合同》相关约定提取项目公司提交的建设期履约保函中的相应金额。

再以某县中小学电（气）代煤供暖 PPP 项目为例，项目建设期绩效考核指标如表4-1所示。

表4-1 某县中小学电（气）代煤供暖 PPP 项目建设考核指标

指标类别	指标要求
质量	需符合《城市供热规划规范国家标准》（GB/T 51074—2015）、《城镇供热管网工程施工及验收规范》（CJJ 28—2004）、《城镇燃气规划规范》（GB/T51098—2015）、《燃气管道设计规范》（GB50028—2006）等
工期	开工日：以监理工程师的开工令为准。竣工验收日：2017 年 10 月 31 日前
环境保护	参照《公共建筑节能设计标准》（GB50189—2015）《建筑设计防火规范》（GB50016—2014）《绿色建筑评价标准》（GB T50378—2014）等

注：若国家、省、市出台具体考核办法或新的相关规定，则上表中与之不一致的或未作约定的或约定不明的，以国家、省、市出台标准为准进行调整并执行。

再以某特色小镇 PPP 项目（以下简称"本项目"）建设期绩效考核为例，本项目建设期绩效考核每半年进行一次，在项目公司向政府方提交半年进度情况报告后 5 日内进行，并应在 7 日内完成。政府方需提前 48 小时通知项目公司开始考核的时间，项目公司在政府方的监督下，在规定的考核现场对建设管理、质量管理、进度管理、资金管理、安全管理、廉政建设、工程资料等方面进行考核打分，以所有分数的平均值作为建设期绩效考核的最终得分（建设期绩效考核各项分值及具体考核内容见表 4 – 2）。

表 4 – 2　某特色小镇 PPP 项目建设期绩效考核内容

考核项目 （分值）	考核内容 （分值）	扣分标准（分值）
一、综合 管理(15)	1. 强制性 指标	①存在违法转包、违规分包（扣 10 分）
		②超越资质要求承担施工任务（扣 15 分）
		③因施工原因造成一般质量事故或安全事件（扣 10 分）
	2. 履约情况 （8）	①项目经理、主要技术负责人员未经业主同意而更换（扣 2 分）
		②更换的项目经理资质等级降低或专业不符（扣 2 分）
		③拖欠分包商工程款和劳务人员工资（扣 2 分）
		④未履行承诺配备主要施工设备（扣 2 分）
	3. 施工组织 管理（7）	①施工组织设计或施工方案未经监理同意而实施（扣 2 分）
		②未及时向监理报批开工申请，施工月报未按时送监理单位（扣 2 分）
		③未履行对分包工程的管理职责及存在以包代管现象（扣 1 分）
		④未达到文明施工要求（扣 2 分）
二、质量 管理(50)	1. 质保体系 （2）	*质量保证机构、制度未建立
		①质量管理人员和机构配置不齐全（扣 2 分）
	2. 质量控制 （9）	①未按规定要求进行自检（扣 1 分）
		②监理指令未落实（扣 1 分/次，2 分）
		③设备性能不满足工程需要，对工程建设造成影响（扣 2 分）
		④工程变更、材料更换未履行报批程序（扣 2 分/次，4 分）
	3. 隐蔽工程、 重要部位、重 要工序施工(4)	①未按相关程序验收（扣 2 分）
		②未通过检验合格就进入下一道工序（扣 2 分）

续表

考核项目 （分值）	考核内容 （分值）	扣分标准（分值）		
二、质量 管理(50)	4. 质量检测 （8）	＊主要材料及构件未按规定进行检测，或检测资料不真实或等级不合格而投入使用，对工程建设造成影响		
		①工地实验室不符合规定或委托不满足规定资质要求的检测机构进行检测试验（扣2分）		
		②检测频率不够、签章不齐、未经监理审核批准等（扣1分/次，2分）		
		③材料及半成品进场及使用统计记录不规范（扣2分）		
		④使用了未按规定进行检测（验）或未通过检测的材料或构件，但未对工程造成影响（扣2分）		
	5. 质量事故、 问题及处理 （7）	＊发生质量问题影响工程建设的		
		＊发生一般质量事故未及时报告的		
		①质量事故防治无预案措施（扣1分）		
		②质量通病防治无预案措施（扣1分）		
		③一般质量事故、问题处理不符合有关规定、不及时有效（扣2.5分/次，5分）		
	6. 现场实体 质量(20)（分 土建部分和设 备安装部分， 各20分，根 据项目特点， 由专家确定土 建部分和设备 安装部分权重）	土 建 部 分	①工程土建施工不满足设计要求（位置、轴线、尺度、标高、坡比等）（扣1分/次，8分）	
			②实体外观存在缺陷（轴线偏差、标高、平整度、垂直度、色差、焊缝质量等）（扣1分/次，6分）	
			③工程构件、实体不完整，表面缺陷处理等不符合要求（扣1分/次，6分）	
		设 备 安 装 部 分	①工程设备安装不满足设计要求（扣1分/次，8分）	
			②设备构件、细部构造不完整、表面缺陷处理等不符合要求（扣1分/次，4分）	
			③施工工艺、工序等不符合设计、规范要求（扣1分/次，4分）	
			④设备安装与调试不满足规范要求，设备运转不正常等（扣1分/次，4分）	
三、进度 管理（5）	强制性指标	因施工原因造成总体进度滞后影响工程建设（扣5分）		
	1. 进度计划 （1）	①未编制施工总进度计划、年度计划、月度计划（扣1分）		
	2. 进度控制 （1）	①未根据工程进展情况适时优化、调整进度计划（扣1分）		
	3. 进度完成 情况（3）	①关键节点进度未按总进度计划完成（扣1分）		
		②实际进度滞后，并未采取有效整改措施（扣2分）		

考核项目（分值）	考核内容（分值）	扣分标准（分值）
四、资金管理（6）	1. 专款专用（3）	挪用工程款（扣 3 分）
	2. 费用控制（3）	因施工原因造成工程费用增加（扣 3 分）
五、安全管理（11）	1. 安全制度（2）	*未建立安全管理制度及安全生产应急预案
	2. 安全措施（7）	*安全隐患未采取相应的整改措施
		①安全施工措施未经批准或批准后未落实（扣 1 分）
		②未按规定进行安全检查、培训、警示等（扣 2 分/次，4 分）
		③现场存在安全隐患（扣 2 分）
	3. 事故处理（2）	*安全事故未及时上报
		①安全事故处理不及时（扣 2 分）
六、廉政建设（5）	1. 廉政制度（2）	①未制定廉政建设规章制度（扣 1 分）
		②未签订廉政合同（扣 1 分）
	2. 执行情况（3）	①有违反廉政规定，但不构成党纪、政纪处分（扣 3 分）
七、工程资料（8）	1. 管理人员和制度（1）	①无专人和相应制度（扣 1 分）
	2. 资料收集及整理（2）	①资料分类不清、收集不及时，资料收集与工程进度不同步（扣 1 分）
		②应有原始记录及检查凭证不能及时提供（扣 1 分）
	3. 资料质量（5）	①记录（台账）与资料不对应（扣 1 分）
		②资料填写不真实、不规范，与工程实际施工情况和规范要求不相符，扣 1 分/份（扣 4 分）

PPP 项目运营期绩效考核

　　研究 PPP 项目运营期考核，首先要明确 PPP 项目的运营期，财政部《政府和社会资本合作模式操作指南》（财金〔2014〕113 号）指出，运用 BOT、TOT、ROT 模式的政府和社会资本合作项目的合同期限一般为 20～30 年。财政部《关于进一步做好政府和社会资本合作项目示范工作的通知》（财金〔2015〕57 号）规定，政府和社会资本合作期限原则上不低于 10 年。国家发改委、财政部、住建部、交通部、水利部、中国人民银行等联合发布的《基础设施和公用事业特许经营管理办法》规定，"基础设施和公用事业特许经营期限应当根据行业特点、提供公共产品或服务需求、项目生命周期、投资回收期等综合因素确定，最长不超过 30 年"。可见，PPP 项目的运营期限为 10～30 年。

运营期考核是指对 PPP 项目运营期的运营情况进行的考核。通常情况下，PPP 项目运营期考核分为定期考核（每季度、半年或每年一次）和临时考核（根据实际需求确定次数）。运营期的绩效考核结果反映了社会资本或项目公司实际收入的大小。其考核指标需依据业主要求、相关法律法规和技术规范、项目公司组织管理和财务管理、项目设施和经营状态、服务质量、公众满意度等选定。

1. 运营期绩效考核的分类

通常情况下，PPP 项目运营期绩效考核分为常规考核和临时考核。具体来说，常规考核由项目实施机构或行业主管部门依据运营期绩效考核指标对 PPP 项目进行绩效考核打分，按照 PPP 项目合同绩效考核时间进行常规考核，也可由政府方聘任的第三方机构进行常规运营绩效考核打分。考核结果挂钩可用性付费和绩效付费（政府付费、可行性缺口补助），使用者付费项目可进行相应处罚等。考核结束后，对缺陷部分进行限期整改，整改不到位不进行相应支付，直至解除合同。除常规考核外，考核方可以随时自行考核项目公司的运营情况，如发现缺陷，则需以书面形式通知社会资本或项目公司。社会资本或项目公司在接到书面通知后，应在绩效考核要求的时间内修复缺陷。临时考核结果一般不作为社会资本或项目公司违约情形处理，除非临时考核发现的缺陷会导致项目可用性破坏、公共安全受到严重影响或存在重大安全隐患。

2. 运营期绩效考核的标准

运营期绩效考核标准一般以项目运营维护保函作为考核基数，实行百分制原则。以某 PPP 项目为例，项目运营期绩效考核以项目运营维护保函作为考核基数，实行百分制原则，当绩效考核评分低于 90 分时，则实施机构有权提取运营维护保函，提取额度计算公式如下：

运营维护保函提取额 = 运营维护保函 ×［1 －（10 + 当年运营期绩效考核得

分) ÷100〕 (4-1)

3. 运营期绩效考核的指标

运营期绩效考核结果主要反映社会资本或项目公司收入的多少，运营期绩效考核结果不但与运营期绩效付费直接挂钩，且根据财办金〔2017〕92 号文规定，可用性付费也应和运营绩效考核结果进行挂钩，且占比不低于 30%。

PPP 项目运营期绩效考核指标选定原则主要有：一是依据国家、地方、行业、技术方面的规范、标准等，还可依据可行性研究报告和政府方要求；二是可参考同类项目运营期绩效考核指标，根据本项目特点综合选定；三是若无相应规范和标准，也没有同类项目可供参考，可以通过招标（让潜在社会资本方提供相应指标和相应考核细则）、竞争性磋商等方式获得。具体来说，政府制定运营期绩效考核体系标准，社会资本或项目公司编写项目运营维护方案确定运营期间计划内的维护、修理和更换的时间以及费用；编写维护手册，进一步明确日常维护和设备检修内容、程序等详细内容。将运营维护方案交由政府方审核通过。考核结果作为费用支付对价或价格调整的重要依据。以某产业新城 PPP 项目为例，项目运营期绩效考核指标包括：产业新城总体建设进程、产业新城 GDP、利税、基础设施完善配套程度、创新能力、资源节约、环境友好、居民收入、人民群众满意度、企业满意度等。

以某特色小镇 PPP 项目运营期绩效考核指标为例，项目绩效考核分数实行百分制，达不到得分要求的按照绩效付费方法对运营维护成本进行扣减。项目基本考核指标包括：游客人数、游客满意度、景区质量等级、增加当地居民就业、运营安全、环境保护、社会稳定、税收贡献等（见表 4-3），奖励指标为纳税增量（见表 4-4）。在项目每年开始运营前 6 个月，由项目公司上报绩效考核指标，实施机构及财政局进行审核确定最终绩效考核指标。

表 4-3　运营维护绩效考核基本指标表

序号	绩效指标	指标说明	权重	得分
1	游客人数	游客人数达到当年预期人数的 90% 以上，得 100 分；每降低 10%，扣 10 分	25 分	
2	游客满意度	当年游客满意度达到 95% 以上，得 100 分；每降低 5%，扣 10 分；低于 80%，不得分	10 分	
3	景区质量等级	当年景区设施完好率达到 90%，得 100 分；每降低 10%，扣 10 分；低于 60%，不得分	20 分	
4	增加当地居民就业	项目运营过程中，能为当地居民提供 200 个及以上就业岗位，得 100 分；提供 100 个及以上就业岗位，得 80 分；提供 100 个以下，不得分	5 分	

续表

序号	绩效指标	指标说明	权重	得分
5	运营安全	运营过程中无人员、财产等安全事故发生，得100分；发生轻微安全事故，处理得当且无人员伤亡，得60分；发生重大安全事故，不得分	10分	
6	环境保护	运营过程中无环境污染、破坏等问题，得100分；发生轻微环境问题，但处理得当，得80分；发生重大环境问题，不得分	10分	
7	社会稳定	无群众投诉、社会稳定，得100分；群众投诉，但妥善解决，得80分；群众投诉，解决迟缓，得60分；群体性事件，不得分	10分	
8	税收贡献	依法纳税，应缴尽缴	10分	
合计			100分	

表4-4 运营维护绩效考核奖励指标表

绩效指标	指标说明	权重	得分
税收增量	运营期当年税收额度较上年的实收额度净增10%	3分	

注：运营维护绩效考核得分=运维基本指标考核得分+运维奖励指标考核得分

考核分数按如下计算：

$$考核总分数 F = \sum Wi \times Si \tag{4-2}$$

年度考核综合得分=年度常规考核得分×80%+年度临时考核平均得分×20%

考核综合得分以70分为基准分，项目运营期，政府运营维护补贴以绩效考核结果为支付依据。当运营维护绩效考核成绩低于70分时，每扣减1分相应运营维护绩效考核费用以及另外××%的可用性付费均对应扣减1%，即：运营维护绩效考核费用=实际应付运营维护费用×[100-(70-考核得分)]÷100、另外××%可用性付费=另外××%可用性付费×[100-(70-考核得分)]÷100。运营期内，每年进行一次考核，考核涉及整个运营项目所有范围，自项目进入运营期每一年届满后六十（60）日内。

再以某家居小镇PPP项目为例。项目运营期绩效考核指标如表4-5所示。

表4-5 项目运营期绩效考核指标

序号	绩效指标	考核办法	分值
1	公司制度执行	严格执行公司管理、采购、销售、安保等制度，最高得8分；执行不到位，但积极改进，最高得5分；出现重大问题，不得分	8
2	财务健康	运营过程跟踪审计，审计结果无异常，最高得8分；有待修正及改进，最高得5分；财务问题突出，不得分	8

序号	绩效指标	考核办法	分值
3	设施养护	项目本体及附属设施整洁有序，修复及时，最高得 40 分；有明显瑕疵，但及时改进修复的，最高得 25 分；出现重大负面问题，不得分	40
4	经营管理	项目经营管理符合项目公司审批通过的经营计划和管理要求的，最高得 16 分；基本符合公司经营计划和管理要求但未实现指标计划的，最高得 10 分；项目公司经营情况严重不符合经营计划和管理要求的，不得分	16
5	运营安全	运营过程中无人员、财产等安全事故发生，最高得 10 分；发生轻微安全事故，处理得当且无人员伤亡，最高得 6 分；发生重大安全事故，不得分	10
6	环境保护	运营过程中无环境污染、破坏等问题，最高得 8 分；发生轻微环境问题，但处理得当，最高得 5 分；发生重大环境污染问题，不得分	8
7	社会稳定	无群众投诉、社会稳定，最高得 10 分；群众投诉，但妥善解决，最高得 8 分；群众投诉，解决迟缓，最高得 6 分；群体性事件，不得分	10
8	合计		100

4. 运营期绩效考核的内容

运营期绩效考核内容主要是根据项目的具体运营内容，通过打分的方法来实现。

以某流域水源地生态环境综合整治工程 PPP 项目运营期绩效考核内容为例，工程包括某水库及某山水源地环境治理工程、河流生态环境保护工程、湿地开发及建立、山体生态保育工程（含树木栽植）、农村环境综合整治工程、水体环境检测体系建设等（见表 4-6）。

表 4-6 某河流域水源地生态环境综合整治工程 PPP 项目运营期绩效考核内容

项目	评定分项	评定标准	扣分标准
一		基本指标（90 分）	
水域环境综合整治（50）	水域清洁（9 分）	境内或项目范围内水库、河道、沟渠、湿地等各类水域无垃圾漂浮物，水库、塘坝内无投食性养殖网箱（5 分）	发现一处垃圾漂浮物或投食性养殖网箱扣 1 分
		项目范围内所有水域有明确管理责任主体，完善管理制度，配备专职保洁人员负责清理，主要河流、水库、湿地每周清理不少于 3 次（4 分）	清理频率不达标每发现一次扣 2 分

续表

项目	评定分项	评定标准	扣分标准
水域环境综合整治（50）	水质达标（21分）	直接汇入水源地一级保护区的河流水质应达《地表水环境质量标准》Ⅱ类标准。其他河流水域水质，应保证满足Ⅲ类标准（5分）	水质不达标扣5分
		除环保部门批准设立的达标排污口外，无非法排污口，无工业污水直接排入水域（6分）	发现一处污水直接排入水域扣3分
		在县级河流重要河段及项目范围内主要河道200米之内，无畜禽养殖场，无堆放、倾倒、掩埋、排放污染水体的物体或清洗装贮过油类、有毒污染物的车辆、容器的行为（5分）	不符合要求每处扣1分
		农村生活污水有效控制，大力推进沼气池建设、改造厕所和现有排水沟，实施资源化利用，减少污染物排放量（5分）	不符合要求每处扣1分
	流水通畅（10分）	河道、沟渠等水域无淤积，无围堤、阻水渠道、阻水道路等各类阻水建筑物，确保水流顺畅（4分）	发现一处淤积或阻水建筑物每处扣1分
		水域综合治理范围内无集市贸易场所、无违规修建的厂房、仓库、养殖场等建筑设施（3分）	不符合要求每处扣1分
		河道采砂规范有序，无私自取土、弃置砂石或淤泥、倾倒建筑垃圾等行为（3分）	不符合要求每处扣1分

续表

项目	评定分项	评定标准	扣分标准
水域环境综合整治（50）	岸坡环境（10分）	河坡、岸堤无垃圾堆、杂草堆和白色污染物等废弃物（3分）	出现废弃物每处扣1分
		实施水域沿岸造林绿化、湿地保护与修复，绿化植物达到整齐、协调、美观，堤坡和滩地绿化率不低于80%（2分）	绿化不符合要求每处扣2分
		河道两岸可视范围内，无影响水域水质的生产、生活垃圾（3分）	发现影响水域水质的生产、生活垃圾每处扣1分
		岸坡无违法设置的各类广告牌，经许可设置的经营广告牌、宣传牌等版面完好，内容合法（2分）	发现违法设置的各类广告牌或经许可设置的经营广告牌、宣传牌等不符合要求每处扣1分
绿化养护（25）	乔木（8分）	树木生长健壮、旺盛，树木保存率98%以上，以及补栽成活率90%以上，行道树缺株控制在4%以下	因养护不当造成树木死亡，未补植的每株扣1分；暂不补植的，树穴未填平或黄土露天，每处扣0.5分
		树根无萌蘖，树干无藤物缠绕，树梢无悬挂物；及时修剪膛枝、下垂枝；按要求涂白、抹芽、修补树洞；及时清除死树、枯枝	未及时清理萌蘖、藤物、悬挂物、禁锢物，每株扣0.2分；未按要求修剪内膛枝、下垂枝，每株扣0.2分；未按要求涂白，每株扣0.1分；抹芽不及时，每株扣0.1分；树洞未及时修补，每株扣0.5分；死树未及时清除，每株扣0.2分；有枯枝未及时清除，每株扣0.2分
		非景观需要，树木需姿态挺拔，不得倾斜、倒伏；经风吹或其他原因造成树木倾斜倒伏的要及时扶正加固	非景观需要的树木倾斜倒伏未扶正加固每株扣0.1分
		树穴美观，经常松土（深度不小于20cm）、种植土低于界石；界石安装平整，无缺失、破损；无杂草垃圾，树木根部草坪长满需切边，行道树如有树穴砖等覆盖设施需确保覆盖设施完好	不符合要求的每株扣0.2分

续表

项目	评定分项	评定标准	扣分标准
绿化养护（25）	灌木（5分）	灌木丛无杂草、无枯枝败叶、藤蔓缠绕，修剪、萌蘖清理及时到位，整齐观赏感良好，修剪每年不少于 6 次（新枝高度不高于 10cm）	发现明显杂草，每处扣 0.5 分；修剪不及时或不符合要求、萌蘖清理不及时，每处扣 0.5 分
		地被生长茂盛，株形丰满，枝叶茂密，不脱脚、不缺损、无死株、缺株及时补植，补植成活率 95% 以上	因养护不当造成株死的，每平方米扣 0.2 分；暂不补植的，树穴未填平或黄土露天，每处扣 0.1 分
	地被草坪（4分）	草坪生长茂盛，覆盖率不低于 95%，及时补植，单块秃斑不大于 0.5 平方米；边缘线清晰，景观效果好	草坪覆盖率低于 95%，未及时补植的，每 10 平方米扣 0.5 分；草坪秃斑大于 0.5 平方米，每处扣 0.2 分；生长季节发生枯黄现象，每处扣 0.2 分，边缘线不清晰，每处扣 0.2 分
		草坪适时修剪（暖季草坪高度保持在 5～10cm，冷季草坪保持在 6～8cm），碎草及时清走	草坪未及时修剪，每 10 平方米扣 0.5 分；修剪未到边到角或有夹缝，每处扣 0.2 分；碎草未及时清走，每处扣 0.1～0.5 分
	浇水施肥（2分）	适时松土、浇水，无土壤板结现象，叶面适时喷水除尘；按苗木或草坪生长规律和要求施肥（施肥记录齐全），每年至少两次施肥（春施追肥，冬施基肥）	因施肥不当或不及时造成苗木生长不良的扣 0.5～1 分，因缺水造成苗木萎蔫现象的每处扣 0.5 分，出现土壤板结、叶面蒙尘现象，每处扣 0.1 分
	病虫害（2分）	无断枝、明显枯枝，治虫得当及时（治虫记录齐全），在一般条件下，黄叶、焦叶、卷叶和带虫粪、虫网的叶片不得超过 5%，正常叶片保存率在 90% 以上；农药使用正确，无药害产生	发现断枝、明显枯枝，治虫不当或不及时，苗木出现明显病虫害的每株扣 0.5 分；未及时修剪病虫枝，每株扣 0.2 分；农药使用不当造成药害，致植物落叶、死亡的，每株扣 0.5 分
	冬季防护（2分）	冬季对乔木和灌木进行草帘围挡，草坪需进行打孔和疏草；冬季做好冷季型草坪防火工作	草帘围挡、打孔、疏草不符合要求每处扣 0.2 分；冬季草坪未做好防火工作，被放火纵烧 10 平方米以上的，每处扣 0.4 分
	清洁卫生（2分）	全天候保洁，绿化区内整洁，地面卫生，无垃圾杂物，无卫生死角；及时清扫落叶枯草，无积土、积水、积雪	不符合清洁要求面积大于 20 平方米的，每增加 1 平方米扣 0.2 分

续表

项目	评定分项	评定标准	扣分标准
配套设施（15分）	基础设施（15分）	各种引导标识造型有特色，与景观环境相协调，标识牌设置合理	无引导标识扣3分；不符合要求每处扣0.5分
		环境整洁，无污水、污物，无乱建、乱堆、乱放现象，建筑物及各种设施设备无剥落、无污垢，空气清新、无异味	不符合要求每处扣0.2分
		垃圾箱布局合理，标识明显，数量能满足需要，造型美观，与环境相协调。垃圾分类收集，清扫及时，日产日清	不符合要求每处扣0.2分
		建筑布局合理，建筑物体量、高度、色彩、造型与景观相协调。周边建筑物与景观格调协调，或具有一定的缓冲区域或隔离带	视布局具体情况合理打分
		区域内各项设施设备符合国家关于环境保护的要求，不造成环境污染和其他公害	不符合要求每项扣0.5分
二		附加指标（10分）	
利益相关者满意度（10）	—	需由实施机构对项目周边居民和游客做公共调查，满意度需在80%以上	满意度为100%时，奖励满分；满意度为80%及以下时，奖励为零；按插值法计算满意度在［80，100］区间内对应的分数

5. PPP 项目可用性绩效考核

如上所述，根据财办金〔2017〕92号文，可用性付费也应和运营绩效考核结果进行挂钩，且占比不低于30%。

以某特色小镇 PPP 项目为例，项目可用性绩效考核分数实行百分制，考核指标包括：工程建设符合规划要求、建设标准要求、设计要求、施工相关规范标准要求，以及服务能力和容量符合政府要求的产出说明（见表4-7）。

表4-7　可用性绩效考核指标表

序号	考核内容		考核指标	备注
1	符合规划要求		15分	符合要求满分，不符合要求不得分
2	符合设计要求		15分	符合要求满分，不符合要求不得分
3	符合建设工程质量要求		30分	工程得分以工程质量分数为准
4	符合项目产出说明	××个4A级景区	10分	符合要求满分，不符合要求不得分
		两岸绿化	3分	符合要求满分，不符合要求不得分
		游客集散中心（××层塔楼和××层裙楼）	8分	符合要求满分，不符合要求不得分
		民俗商业街（××层仿古建筑）	8分	符合要求满分，不符合要求不得分
		地下停车场、商贸大道和商贸大桥	3分	符合要求满分，不符合要求不得分
		安置住宅××套	8分	符合要求满分，不符合要求不得分

注：考核说明。

考核结果分为"A——合格""B——基本合格""C——不合格"。

A——合格：可用性绩效考核结果在75分以上为合格，财政局支付经有关部门核定的可用性付费的××%，另外××%可用性付费根据运营考核情况按比例付费。

B——基本合格：可用性绩效考核结果在60~75分为基本合格，75分时财政局支付经有关部门核定的可用性付费的××%，另外××%可用性付费根据运营考核情况按比例付费。基本合格情况在75分的基础上，每扣减一分相应可用性绩效考核费用也应扣减1%费用。

C——不合格：若项目公司有如下情形之一的，视为可用性绩效考核不合格，政府有权不支付项目可用性付费：一是项目验收质量未达到合格标准；二是可用性绩效考核结果低于60分。

具体付费情况如表4-8所示。

表4-8　可用性绩效考核费用付费情况一览表

考核情况分类		可用性付费计算公式
A——合格	运维绩效得分≥70	实际可用性绩效考核费用数额=可用性费用×90%+可用性费用×10%
	运维绩效得分<70	实际可用性绩效考核费用数额=可用性费用×90%+可用性费用×10%×［100-（70-运维绩效考核得分）］÷100

续表

考核情况分类		可用性付费计算公式
B—— 基本合格	运维绩效得分≤70	实际可用性绩效考核费用数额=可用性费用×90%×〔100-（75-可用性绩效考核得分）〕÷100+可用性付费×10%
	运维绩效得分<70	实际可用性绩效考核费用数额=可用性费用×90%×〔100-（75-可用性绩效考核得分）〕÷100+可用性费用×10%×〔100-（70-运维绩效考核得分）〕÷100
C——不合格	—	实际可用性绩效考核费用数额=0

附：某 PPP 项目绩效考核挂钩办法。

1. 可用性付费 k1 取值

2017 年 11 月，财政部印发了《关于规范政府和社会资本合作（PPP）综合信息平台项目库管理的通知》（财办金〔2017〕92 号文），要求严格新项目入库标准，其中未建立按效付费机制的 PPP 项目不得入库，包括通过政府付费或可行性缺口补助方式获得回报，但未建立与项目产出绩效相挂钩的付费机制的；政府付费或可行性缺口补助在项目合作期内未连续、平滑支付，导致某一时期内财政支出压力激增的；项目建设成本不参与绩效考核，或实际与绩效考核结果挂钩部分占比不足 30%，固化政府支出责任的。

关于 PPP 项目可用性付费，主要有阶段取值法、直接取分法、插值法等。

（1）阶段取值法。

计算公式为：

可用性付费 = -PMT（R1，N，TC）×（70% +30% ×k1）　　　　（4-3）

k1 具体取值标准为：100 分≥总分≥90 分，运营绩效考核系数 k1 为 1；90 分>总分≥80 分，运营绩效考核系数 k1 为 0.9；80 分>总分≥70 分，运营绩效考核系数 k1 为 0.8；70 分>总分≥60 分，运营绩效考核系数 k1 为 0.7；当考核总分<60 分时，实施机构或政府指定机构对可用性绩效费用不予拨付。

（2）直接取分法。

计算公式为：

可用性付费 = -PMT（R1，N，TC）×（70% +30% ×k1/100）　　　（4-4）

k1 直接取运营绩效考核得到的分。

（3）插值法。

计算公式为：

可用性付费 = - PMT（R1，N，TC）× （70% + 30% × k1）　　　　（4 - 5）

k1 具体取值标准为：100 分≥总分≥90 分，运营绩效考核系数 k1 为 1；90 分＞总分≥70 分，运营绩效考核系数 k1 为 0.6 + 0.4 × （考核得分 - 70）÷（90 - 70）；70 分＞总分≥60 分，运营绩效考核系数 k1 为 0.6；当考核总分 < 60 分时，运营绩效考核系数 k1 为 0。

2. 运维绩效付费 k2 取值

绩效付费 = 年度运营成本 × k2　　　　（4 - 6）

k2 具体取值标准为：100 分≥总分≥90 分，运营绩效考核系数 k2 为 1；90 分＞总分≥80 分，运营绩效考核系数 k2 为 0.9；80 分＞总分≥70 分，运营绩效考核系数 k2 为 0.8；70 分＞总分≥60 分，运营绩效考核系数 k2 为 0.7；当考核总分 < 60 分时，实施机构或政府指定机构对运营绩效费用不予拨付，并限期社会资本方整改达到正常运用水平。

PPP 项目移交阶段绩效考核

PPP 项目移交阶段绩效考核是指对项目移交情况进行的一个全面的考核。根据政府与社会资本签订的 PPP 项目合同等法律文件，PPP 项目移交完成后，实施机构组织有关部门对项目产出、成本效益等指标进行绩效评价，并按相关规定公开评价结果。

具体而言，PPP 项目移交一般包括移交准备、性能测试、资产交割和绩效评价四个阶段。PPP 项目合作到期后，社会资本或项目公司无偿将项目资产移交给地方政府或政府指定机构。项目移交内容包括但不限于项目资产、文档和知识产权。移交的内容通常包括：项目设施；项目土地使用权及项目用地相关的其他权利；与项目设施相关的设备、机器、装置、零部件、备品备件以及其他动产；项目实施相关人员；运营维护项目设施所要求的技术和技术信息；与项目设施有关的手册、图纸、文件和资料（书面文件和电子文档）；移交项目所需的其他文件。

1. PPP 项目移交阶段绩效考核需进行性能测试

在 PPP 项目移交前，通常需要对项目的资产状况进行评估并对项目状况能否达到合同约定的移交条件和标准进行测试。实践中，PPP 项目移交评估和测试工作通常由政府方委托的独立专家或者由政府方和项目公司共同组成的移交工作组负责。项目移交工作组应严格按照性能测试方案和移交标准对移交资产进行性能测试。

性能测试后，社会资本或项目公司应将满足性能测试要求的项目资产、知识产权和技术法律文件，连同资产清单移交项目实施机构或政府指定的其他机构，办妥法律过户和管理权移交手续。移交完成后，财政部门（PPP 中心）应组织有关部门对项目产出、成本效益、监管成效、可持续性、PPP 模式应用等进行绩效评价，并按相关规定公开评价结果。评价结果可作为政府开展 PPP 管理工作决策的参考依据。[①]

2. PPP 合同对移交阶段绩效考核的一般要求

需要指出的是，为确保移交的资产处于正常可运转状态，保障政府回收项目后遗留的风险最低，PPP 合同通常对于移交提出一般要求，例如移交过程中不应影响运营、维修及系统内其他正常运作；移交时所有系统应处于良好状态，能够充分满足运营需要；按要求完成所有设备系统的检验和验证后，社会资本或项目公司应编制"移交检验报告"等。同时，PPP 合同对移交范围、移交清单、移交技术要求、移交前大修、移交验证阶段和内容、移交日项目设施状况等进行详细的约定。如果社会资本或项目公司在移交阶段发生违约或者未按照合同约定的标准、要求进行移交，则政府方有权对项目公司实施绩效考核，考核结果将以政府方从项目公司提交的移交期履约保函中扣取相应罚金的方式体现。

以某 PPP 项目为例，就项目移交阶段绩效考核，PPP 项目合同约定，一是项目运营期满后移交，社会资本应在项目运营期结束之后 15 个工作日内，将项目无偿移交给政府方，项目前期工作、设计施工、竣工验收、审计决算、保修责任履行、运营维护等相关档案资料文本原件一并移交；二是社会资本向政府移交的项目相关档案资料文本，均需满足真实、完整、清晰的标准；三是政府与社会资本按下述程

---

① 2014 年 11 月，财政部发布《关于印发政府和社会资本合作模式操作指南（试行）的通知》（财金〔2014〕113 号），明确指出在项目移交阶段，项目移交后要进行绩效评价，对项目的产出、成本效益、监管成效、可持续性、政府和社会资本合作模式应用等进行绩效评价，评价结果作为政府开展政府和社会资本合作管理工作决策参考依据。

序落实项目运营期满后移交工作：社会资本整理核对相关运营维护设备及文档资料，编制交接清单；政府与社会资本就所交接文档资料，按交接清单逐一核对，确认无误签署项目文档资料移交确认书；政府与社会资本根据运维绩效考核标准，共同组织开展项目工程实体终期验收，经确认无误后双方签署工程实体移交确认书。

再以某 PPP 项目为例，PPP 项目合同约定，项目移交范畴包括：项目前期工作、设计施工、竣工验收、审计决算、保修责任履行、运营维护等相关档案资料文本原件及本项目在运营期内的运营维护权。项目移交标准包括：一是全部文档资料均真实、完整、清晰；二是符合 PPP 项目合同所规定的安全、环境、运营管理标准；三是处于可以投入的运营状态，能够满足正常通行条件。

此外，项目移交程序包括：一是项目公司整理核对相关文档资料，编制交接清单；二是实施机构或政府指定机构与项目公司就所交接文档资料，按交接清单逐一核对，确认无误签署《移交备忘录》；三是政府指定机构在项目公司配合下完成项目现场踏勘验收；四是项目公司自行完成必要的财务处理。

3. 移交阶段绩效考核指标方法

众所周知，由于 PPP 在我国推广的时间不长，多数项目仍处于建设和运营阶段。目前，我国 PPP 项目处于移交阶段的很少，依据以往特许经营项目的经验，常见的移交阶段绩效考核指标方法主要有三种：第一种为设定指标法，即设定针对具体项目资产的完好性指标，并配合性能测试验证；第二种为参照运维绩效考核法，将移交前三年或者前五年运营期绩效考核结果作为能否完成移交验收的依据；第三种为专家评估法，移交前一年由政府方和社会资本（项目公司）共同组建 PPP 项目移交小组，移交小组组织相关专家对 PPP 项目进行全面评估，并根据专家确定的移交绩效标准进行考核（见表 4 - 9）。

表 4 - 9　某 PPP 项目移交阶段绩效考核指标

序号	指标名称	指标说明
1	移交范围及程序	符合合同中约定移交范围和移交手续，考核是否遵照合同约定履行手续，以及是否完成移交规定范围内的内容
2	技术转移	移交全部与设施运营和维护有关的技术及书面的技术操作规范等
3	知识产权	移交与项目运营有关的全部知识产权
4	运营状况	符合合同约定移交时的营利能力和运营情况
5	设备状况	符合合同约定移交时的设备可使用性程度

第五章　PPP 项目绩效考核创新

PPP 项目绩效激励设计

实践发现，在 PPP 模式合作过程中，社会资本参与 PPP 项目的建设和运营，是提高项目建设质量和运营效率的前提条件。然而，这并不意味着必然会提高 PPP 项目建设质量和运营效率。究其原因，提高 PPP 项目建设质量和运营效率需要综合因素，除了社会资本的资金实力、技术实力、运营管理经验外，更多地取决于 PPP 项目激励机制的设计。

1. PPP 项目绩效激励机制的作用

在 PPP 项目操作中，地方政府如何做到既不承诺固定回报，又能保证社会资本的合理回报？从实践经验来看，为 PPP 项目设计合理的绩效激励机制是最佳解决方案之一。

以某省会城市环卫 PPP 项目为例，通过分析传统模式、政府购买服务和特许经营三种模式下的管理特征，说明激励机制在 PPP 模式绩效考核设计中的重要性（见案例 5 - 1）。

【案例 5 - 1】

此前，某市的环卫作业和生活垃圾处理均由某市环卫中心承担，伴随国家第一轮公共事业实施政企分开，20 世纪 90 年代末某市环卫中心改制成为环卫公司。但由于经费核算根据企业每年的实际支出情况向企业拨付费用，因此环卫公司本质上与事业单位差别不大。

为提高财政资金的使用效率，某市环卫经费核算工作相当精细，首先是将环卫作业流程划分为道路清扫、垃圾清运、垃圾转运、卫生填埋等环节，再根据各个环节人工、材料、机械的使用和消耗情况，逐一核算每一个作业环节的经费总额。在核算经费时，环卫公司花的每一分钱需要有"出处"，反过来环卫公司说得出"出处"的每一分钱，财政都会为之付账。这种管理模式下看似堵住了各种漏洞，财政资金也做到"精打细算"，同时负面作用也非常明显：企业几乎没有控制成本的动力，导致成本大幅增加，政府财政压力反而增大。具体来说，这种模式的弊端主要表现在：一是财政资金使用效率较低，二是环卫公共服务水平很难有根本性的提升。比如企业内部缺乏动力，混合运输现象普遍，进而挫伤居民垃圾分类的积极性，最终导致某市垃圾分类进展缓慢，垃圾减量化工作也无从谈起。

为改变现有管理模式的不足，某市决定采取PPP模式引进优质社会资本，同时加强项目的绩效考核。

在项目绩效考核方面，政府发挥激励机制的作用：按照市场规则核定项目运营的成本，在考虑合理利润的基础上，确定各类业务的单价，实行按量计价的付费机制。

具体来说，作为社会资本一方，其按照预订考核标准完成垃圾的清运、转运和最终处置任务，如果各项指标达标，则政府按照PPP项目合同的约定支付费用；如果超额完成任务，则政府按照PPP项目合同的约定给予相关的奖励。作为政府一方，其主要是做好项目监管工作，并按照PPP项目合同的约定对社会资本进行绩效考核。这种模式划清了政府与企业的责任界限，一方面，政府不再为企业的成本超支付账，从而缓解了政府的财政压力，提高了财政资金的使用效率；另一方面，社会资本有动力降低运营成本（人工、能耗等），从而享受因降低成本而带来的额外收益。另外，社会资本有充足的动力进行垃圾分类宣传，从源头上做好垃圾分类的清运、资源回收利用等工作，既提高资源化利用率，又实现了垃圾的减量化。

2. 设置科学合理的利益分配和风险分担机制

PPP模式的核心原则是"利益共享，风险共担"，通过科学合理的利益分配和风险分担机制，引导利益相关方有效控制项目风险，激励社会资本从最大程度上发挥潜能，从而实现项目经济效益和社会效益的最大化。

笔者认为，在设置好项目利益分配和风险分担机制后，政府对PPP项目进行绩效考核，有几个方面的原因：一是从市场规律的角度考虑，政府在支付财政资金的同时，需要以项目绩效考核结果为依据，这是符合市场竞争规律和交易规则的。即使部分 PPP 项目采取的是使用者付费机制，政府无须支付财政资金，但基于 PPP 项目的公益属性，为了维护社会广大公众的根本利益，即使是使用者付费，政府也需要进行行政监督，对项目进行绩效考核，以免部分社会资本盲目追求经济利益而不顾社会利益。二是从市场公平交易的角度考虑，不管是政府支付费用还是单纯的使用者付费，以绩效考核为前提支付费用，符合市场公平交易的原则。三是从激励的角度考虑，政府对 PPP 项目进行绩效考核不是目的，而是一种手段。换句话说，政府不是希望 PPP 项目的绩效考核得分越低越好，而是希望越高越好。因为 PPP 项目的绩效考核得分越高，评价越高，越说明项目采取 PPP 模式是正确的，政府的决策是正确的，社会资本是受益的，广大人民群众是满意的。否则，绩效考核得分低，说明项目本身不是成功的，相关各方的利益都会受损。

总之，设置科学合理的利益分配和风险分担机制后，政府再对 PPP 项目进行严格的绩效考核，可以激励社会资本不断进行技术革新，加强管理，降低成本，防范风险，从而获得更高的收益。

3. 合理的定价机制和价格调整机制

价格调整机制是 PPP 项目绩效考核中的重要内容。通常情况下，PPP 项目绩效考核达到甚至超过相关各方约定的标准，那么就会触发价格调整机制，社会资本可以获得更高的回报。

具体来说，在社会资本投资 PPP 项目后，影响社会资本收益水平的主要因素有三个：一是项目定价机制；二是价格调整机制；三是预期外因素导致实际收益发生变化。对于社会资本而言，较为现实的是与政府约定合理的定价机制和价格调整机制，而政府则可以通过这几个方面对社会资本进行绩效考核，激励社会资本提供更优质的服务。

以 PPP 行业中常见的污水处理 PPP 项目为例。一般情况下，在满足项目绩效考核标准的前提下，污水处理 PPP 项目结算价格每 3 年核定一次。以笔者所操作的某污水处理 PPP 项目（以下简称"本项目"）为例（见案例 5-2）。

【案例 5-2】

本项目总投资近 1 亿元，处理能力为每日 4 万立方米。关于"污水处理服务费"，某地方政府和某社会资本约定：建立双方污水运营费用保障机制。政府财政将全年的污水运营费用列入本年度预算，同时另储备污水运营费用一年，存入双方约定的项目公司专户由银行监管。在运营期内，运营费用实行绩效考核和动态管理，根据《建设项目经济评价方法及参数》有关财务内部收益率和投资回收期的要求，地方政府每月向社会资本支付污水处理服务费。

一、本项目主要绩效考核指标

（1）污水处理厂保底水量为每日 4 万立方米。

（2）在运营期内，污水处理服务费包括：

一是 4 万立方米保底水量处理服务费按污水处理单价_____元/立方米计费；污水处理服务费 = 污水处理单价×4 万立方米水量。

二是每隔三年，根据国家物价综合指数的上涨幅度，项目满足甚至超过绩效考核标准的前提下，地方政府和社会资本双方共同协商并确定运营费的上调比例。

由于本项目所在城市工业企业众多，为保证污水处理厂项目建成后的正常运行，进水水质的确定非常关键。工业企业向市政管网排放污水必须处理达到《污水综合排放标准》（GB18918—2002）和《污水排入城市下水道水质标准》（CJ3082—1999）中规定的允许值方可进入城市污水处理厂进行处理。参考国内类似城市污水处理厂进水水质及《给水排水设计手册》中一般城市污水中常值，结合本项目所在城市污水的特点，确定污水处理厂的进水水质（见表5－1）。

表5－1　本项目进水水质指标

项目	CODcr	BOD5	SS	NH3 – N	TP	pH
指标（mg/l）	350	180	150	35	3.0	6 ~ 9

本项目受纳水体为县河，为Ⅲ类水体。根据污水处理厂的环境影响报告和环保部门要求，按照《城镇污水厂污染物排放标准》（GB18918—2002）规定，对排入Ⅲ类水域的污水厂执行一级 A 排放标准（见表5－2）。

表5－2　本项目设计出水水质

项目	CODcr	BOD5	SS	NH3 – N	TN	TP	粪大肠菌群数	pH
指标（mg/l）	50	10	10	5（8）	15	0.5	103	6 – 9

本项目污水进、出水水质及污染物去除率如表 5 - 3 所示。

表 5 - 3 本项目污水进、出水水质及污染物去除率 单位：毫克/升,%

项目	进水指标	出水指标	去除率（%）
CODcr	350	50	85.7
BOD5	180	10	94.4
SS	150	10	93.3
NH3 - N	35	5（8）	77.1～85.7
TP（以 P 计）	3.0	0.5	83.3

三是地方政府提供进入污水处理厂的污水量超过 4 万立方米基本水量，且在项目设计处理能力范围之内时，社会资本全部处理，除按每日 4 万立方米计算污水处理服务费之外，超额部分的污水处理服务费 = 污水处理单价 × 超出基本水量的处理水量。

二、项目节能措施

本项目中，为保证污水处理费用结算价格稳定及效率提升，地方政府在与社会资本签订的 PPP 合同中，还有针对性的激励措施，鼓励社会资本采取各种措施合理调配资源，激励社会资本增产节约，提高生产效率和降低成本，进而将结算价格控制在较低水平。

具体来说，为降低建设和未来运营的成本，本项目采取有力的节能措施：

（一）技术措施

设计上对整个系统按照环境系统工程学的原理进行优化，合理确定设备数量和组合。本工程大量使用节能技术。

一是污水管网的布置尽量考虑地形因素，减小管道埋深和动力提升，从系统上降低能耗。管线布置的基本原则：污水、污泥工艺管道流程顺畅，各种管线的相互平面和垂直间距满足有关地下管线综合的规定，平面布置在保证管线功能的前提下使管线尽可能短；竖向布置在满足最小覆土深度要求的条件下使各种管线埋深尽可能浅；当管线交叉时，原则上压力管道让重力管道，小管道让大管道，高程布置将电力、自控、通信线路及管沟放在最上层，中层是给水管道、小口径污水、污泥压力管道，最下层是大口径污水、污泥管道、厂区内雨污水排水管道。

二是污水处理系统的各类设备均采用节能型设备，并结合自动控制系统对设备的开停进行精密控制，降低能耗。

三是对污水厂尾水预留了重复利用的接口，从而为后期节约水资源提供了技术基础。

（二）设备措施

采用高效、节能型设备，对水泵考虑加设变频设备，并按规划期 2020 年流量安装水泵降低电耗。

（三）管材选用

通过技术经济比较，大部选用 HDPE 管，这种管材内壁光滑，摩阻系数 n = 0.010 ~ 0.009，水流流经管道的水头损失要比混凝土管小，对重力流管的位能消耗也相对减少，为污水管网形成重力流提供了良好的条件。

（四）运行措施

在运行中需要根据水量合理调度，设备按近远期两种工况选用，避免了近期"大马拉小车"的运行状况。项目建成后，主要运行费用是电费，电耗主要用于污水提升、输送和处理。降低整个系统的运行费用十分重要，而降低运行费用的重要手段是通过节能措施来降低电耗。

本项目运行节能措施主要有：

一是设计优先选用国家推荐的节能产品和质量合格的电气设备，例如选用低损耗变压器。

二是照明设计采用合理的照度标准和照明控制方式，选用高效光源及节能型灯具，节省照明用电。合理控制窗墙比，采用可见光透射比较高的玻璃窗，充分利用自然采光，减少照明开灯时间。

三是对配电网进行无功补偿，按要求配备无功补偿装置，提高设备的运行功率因数，保证功率因数不低于 0.95，以减少无功功率在线路上传输，降低线损。

四是选择低能耗的节能型配电变压器，并使变压器处于合理的负载区间和能耗最小的经济运行方式，大幅度降低变压器损耗。

五是罗茨鼓风机作为全厂能耗的主要设备，采用专家控制系统并根据运行中积累的科学数据，结合污水处理反应池内溶解氧参数，控制空气的流量；同时，通过反应池空气流量控制设备，将所需的压力参数传给鼓风机控制柜，调节鼓风机的开启台数和导叶片角度，从而调整供气量，保证气量均匀、适量，避免浪费。

此外，本项目在节能管理方面主要措施有：一是建立能源计量管理体系，形成文件，并保持和持续改进其有效性；建立、保持和使用文件化的程序来规范能源计量人员行为、能源计量器具管理和能源计量数据的采集、处理和汇总；建立用能统计制度，定期向政府节能主管部门报送能源统计报表，统计报表数据应能追溯至计量测试记录。二是建立节能工作责任制和能源使用责任制，把各项能源消耗定额分解落实到各部门，实行能耗考核，对实现降耗的部门和节能工作取得成效的集体和个人给予奖励。三是制定管理范围内的能源使用计划，并落实执行，每年定期检查计划执行情况，年终进行总结和奖惩。

根据项目节能评估报告书，本项目用能污水处理厂及泵站，年综合耗能折标煤估算为××吨（等价值）、××吨（当量值），其中年用电××万千瓦时，年用新水××立方米，年天然气用量××万立方米，年用汽油××吨，年用柴油××吨。本项目单位污水处理综合能耗为××千克标煤/吨（等价值）、××千克标煤/吨（当量值），单位污水处理电耗为××千瓦时/吨。

采取节能措施后，本项目经济效益明显，每年新增污水处理费××万元，新增污泥处置费××万元。经综合评估分析，本项目符合国家有关节能法律、法规、规章和产业政策，达到了行业节能的标准和设计规范，资源综合利用较好。

PPP 项目 "激励相容" 典型案例

所谓"激励相容"，就是强调以有效的激励约束机制为核心，以收益分配和绩效考核制度为手段，最大限度调动社会资本参与 PPP 的积极性。

例如，安徽省某市城市排水一体化 PPP 项目，项目的亮点之一便是"厂网一体化"运作付费与绩效考核挂钩。"厂网一体化"模式的优势主要体现在整合污水处理厂和排水管网，统一管理，提高运营维护效率。在以往单独以污水处理厂作为 PPP 项目实施标的的基础上加入管网，使得原本分离管理的厂、网实现了统一管理，不仅有利于政府发挥其监管的长处，也促进了排水设施维护的专业化和市场化。在该项目实施前，当地厂网处于分离管理的状态，存在管网渗漏却无部门管理的普遍性问题，政府需要建立一套详细的绩效考核体系对项目运营做出评价。项目在制定考核标准时，针对某市排水设施维护中容易出现的重点、难点问题，提出了可操作性强的考核标准。该项目《特许经营协议》约定从合作期第二年开始，双方可根据上一年度考核情况、本年度工作重点等因素对绩效考核标准进行调整；绩效考核分数与政府付费直接挂钩，每低于及格线（85 分）1 分就从当期服务费中扣减 5 万元。该扣减幅度结合单期服务费金额确定，确保对项目公司产生激励作用，利用市场机制提升项目服务质量。

又如某城市道路按效付费 PPP 项目，项目全长 ×× 公里，桥隧比为 ××%，道路等级为城市主干路，设计速度 60 公里/小时，设计标准轴载为 BZZ - 100，荷载等级为城市 - A 级。项目建设内容主要包括道路工程、桥涵工程、立交工程、管线工程、交通工程、照明工程及绿化工程等。本项目采取 PPP 模式下的 DBFO（设计—建设—融资—运营）方式。政府和社会资本合作期限为 13 年，其中建设期不超过 2 年，运营期 11 年。在社会资本投资回报方面，社会资本方通过运营期收取可用性服务费及运维绩效服务费收回全部投资。项目设计了激励相容机制，PPP 项目合同设置了明确的奖惩机制，即 PPP 项目公司运维服务的优劣决定运维绩效服务费的多寡，这促使社会资本通过各种方式提高项目运营服务水平。

再以某城市道路 PPP 项目为例（见案例 5 - 3）。

【案例 5 - 3】

一、项目背景

近年来，某市经济社会快速发展，城市规模不断扩大，与周边地区的经济社会联系日益紧密。由于某市城市空间有限，城区道路日益拥挤，给人民群众的出行和经济社会的发展带来了不小阻碍。为完善城市路网框架、改善城市交通环境、满足人民群众出行需要，加快城市建设和经济社会发展，某市人民政府决定实施城市四环路工程建设（以下简称"本项目"）。

二、基本情况

本项目是某市中心城区主干路系统的重要组成部分，道路全长约 ×× 公里，其中桥隧比为 ××%。规划道路等级为城市主干路，估算投资约 ×× 亿元，本项目计划于 ×× 年底开工建设，×× 年初竣工通车。

三、合作模式

鉴于本项目投资规模高达××亿元，而某市财政收支有限，某市政府决定采取 PPP 模式选择优质社会资本合作。通过公开招标，最终某城建集团成功中标。某城建集团与某市城投公司共同组建 PPP 项目公司，股权比例为某城建集团占股××%，某市城投公司作为 PPP 项目政府方出资代表占股××%。在综合考量社会资本的道路建设技术优势和管理优势、投资收益水平、回报机制以及风险分配等因素后，双方采取 PPP 模式下的 DBFO（设计—建设—融资—经营）方式合作。在投资回报机制方面，本项目采用政府完全付费。

四、绩效考核

2016 年 5 月，财政部和国家发改委联合发布《关于进一步共同做好政府和社会资本合作（PPP）有关工作的通知》（财金〔2016〕32 号），提出稳妥有序推进 PPP 工作、着力提高 PPP 项目融资效率等七项措施来提高 PPP 项目融资效率，切实推动 PPP 模式持续健康发展。七大举措之一即是"建立完善合理的投资回报机制"。各地要对 PPP 项目有关执行法律、行政法规、行业标准、产品或服务技术规范等进行有效的监督管理，并依法加强项目合同审核与管理，加强成本监督审查。要杜绝固定回报和变相融资安排，在保障社会资本获得合理收益的同时，实现激励相容。

本项目中，某市政府为了实现各方的"多赢"，设计激励相容机制，在保障社会资本投资收益的同时，加强政府的监管职责，主要体现在为 PPP 项目公司设置可用性绩效考核指标和运营维护期内的绩效考核指标。具体而言，某市政府从项目的质量、工期和安全生产等方面设置可用性绩效考核指标，确保项目按期保质保量地完成；同时，将项目运营期内的考核结果与政府方支付 PPP 项目公司的运维绩效直接挂钩，也就是说，项目公司运营维护期内的绩效优劣，直接决定了社会资本的投资回报高低。从项目经济效益和社会效益的高度来看，在这种科学的绩效考核架构下，能够反向激励 PPP 项目公司针对本项目全生命周期建设和运维统筹考虑项目建设成本和运维成本，激励其在建设期内将项目做成优质工程、精品工程、示范工程，在最大程度上减少运营期内的成本，从而获得最大的投资回报。正是这种科学的激励机制，让政府、社会资本和社会公众多方受益。

环保 PPP 项目创新绩效考核模式

数据显示，环保是 PPP 的重要领域。2014 年 12 月，财政部印发了《关于政府和社会资本合作示范项目实施有关问题的通知》，公布了第一批 PPP 示范项目 30 个，总投资规模约 1800 亿元，涉及供水、供暖、环保、交通、新能源汽车、地下综合管廊、医疗、体育等多个领域。2015 年 9 月，财政部公布 206 个项目作为第二批 PPP 示范项目，总投资金额 6589 亿元，主要集中在市政、水务、交通等领域。2016 年 10 月，财政部公布 516 个项目作为第三批 PPP 示范项目，计划总投资金额 11708 亿元，覆盖了从能源、交通运输到水利建设、生态建设和环境保护的 18 个一级行业。其中，生态建设和环境保护类项目共计 46 个，投资总额为 810.56 亿元，项目数量占比 8.9%，投资总额占比 6.9%。2018 年 2 月，全国第四批 PPP 示范项目出炉，396 个示范项目投资总额为 7588.44 亿元。从项目行业的数量来看，生态建设和环境保护领域居第三位，为 37 个，占比 9%。

大气、水、土壤等环境污染破坏了生态和人居环境，降低了人们的生活质量。在环保 PPP 已成趋势的当下，如何借助 PPP 模式的优势，设置科学的绩效考核模式，从而有效地治理环境污染成为重要的课题。

以下是近几年国内环保治理行业绩效考核实践操作中探索出的几个典型案例，具有重要的参考和借鉴意义。

1. 城市河道治理的"宁波模式"

城市黑臭水体公众反映强烈，其破坏了城市人居环境，降低了人们的生活质量。根据住建部和环境保护部联合公布的第一轮全国黑臭水体摸底排查结果，截至 2016 年 2 月，全国 295 座地级及以上城市中有超过七成的城市排查出黑臭水体，已认定的黑臭水体总数 1861 个，重度污染水体数量占比达到 33.5%。从黑臭水体地域分布情况看，经济发达且水系更多的中东部地区的黑臭水体数量占比较大，中南区域和华东区域合计占比达 71.0%。分省份看，广东、安徽数量均超过 200 条，合计占总数的近 1/4；另外，江苏、河南、山东、湖南、湖北 5 省数量均在 100 条以上，合计占比约 1/3。

浙江省宁波市在内河环境治理方面创新工作机制，通过政府和社会资本合作，以 PPP 模式开展内河环境治理，并依据治理效果付费，避免了固定回报的不足，取得了良好的效果（见案例 5 - 4）。

【案例 5 - 4】

公开资料显示，早在 2009 年浙江省宁波市就启动了大规模的内河整治工作，并以截污、疏浚一次性工程投入为主。然而，一次性工程建设暴露其多方面的不足，主要表现在政府将工作重点放在内河治理工程建设本身，而治理效率的评估被弱化，导致污染治理效果难以长期巩固提升，陷入"整治—污染—再整治"的恶性循环。

严格来说，政府最需要的是环境治理效果。

为寻找一个实现河道治理良好效果的方法，宁波市政府结合本地实际情况，改变了传统的一次性工程投入的做法，创造了内河环境治理的新模式，即采取政府依效（依照环境治理效果）购买服务的模式，由城管局城区内河管理处按照"一次招标、三年维护，第三方监测"的方式，公开招标确定水质监测单位和维护单位，各区内河管理单位按照考核办法和第三方水质监测数据，对水质维护单位进行考核，考核合格后再支付水质维护提升费用。内河管理处从水质提升程度（项目建立水质日常维护模式，对治理目标进行动态管理。如三年的合同期内河道各项污染物指标考核基准值要求逐年至少削减 15%）、运行管理费用、设施设备初期投资费用等方面进行综合评价，核算维护河道的每平方米单价。

2011～2012 年，宁波市在主要景观河道、一般河道、城中村河道 3 类 9 条河道上开展水质长效提升试点工作。自 2011 年该项工作实施以来，水质得到了提升，水体黑臭现象基本消除。水质定期监测的数据表明，河道 COD、氨氮、总氮、总磷等污染物出现大幅度下降。

宁波河道治理实践结果表明，项目不仅水质提升，效果持续稳定，而且减轻了政府的财政压力，具有重要的示范价值。

2. 按效付费的"那考河模式"

调研发现，除了上述浙江省宁波市河道治理的"按效付费"模式，在河道治理领域比较成功的案例还有广西南宁那考河治理 PPP 项目（见案例 5 - 5）。

【案例 5 - 5】

作为 2015 年全国首个落地的流域治理 PPP 项目、广西首个 PPP 项目、南宁市政府向国家申报海绵城市示范区范围内的重点项目，广西南宁那考河创新河道治理模式且取得初步效果。

据介绍，整个那考河流域治理项目包括：河道整治工程、截污工程、污水处理工程、河道生态工程、河道沿岸景观工程、海绵城市示范工程和信息监控工程，总共 7 个子项目工程内容。治理主河道长 5.2 千米，支流河道 1.2 千米，全长 6.4 千米。

那考河流域治理项目总投资约 11.9 亿元，合同期限为 10 年，其中建设期为两年。

需要重点指出的是，与此前类似河道治理 PPP 项目中社会资本完全依靠地方政府的固定付费不同（PPP 模式中的三种付费机制之一，即政府完全付费），那考河 PPP 项目创新社会资本收费模式，即采取"按效付费"模式，重点是项目建设完成进入运营期后，地方政府按治理效果定期支付流域治理服务费。按效付费优点主要表现在：对地方政府而言，财政资金用在明处，即按黑臭水体治理的效果支付费用，达到了政府采购服务的预期目的；对社会资本而言，促进其不断提高技术水平、加强管理、节约成本，从而增加经济收益；对社会公众而言，可以真正享受到优美的生活环境。

分析指出，广西南宁那考河项目使得我国黑臭水体治理 PPP 项目的绩效考核机制迈进了一大步。项目集 PPP 模式、黑臭水体整治、城市河道治理按效付费、海绵城市设施等特点于一体，具有典型性和示范性。

3. 宁夏中卫环卫"以克论净"的示范意义

"按效付费"为 PPP 项目绩效考核进行了成功的探索和尝试。当然，不仅在河道治理领域，垃圾处理领域同样可以做到"按效付费"。

以著名的旅游城市宁夏中卫的城市环卫保洁工作为例，该市要求以克论净、量化考核，要求道路浮尘每平方米不超过 5 克，地面垃圾滞留时间不超过 5 分钟。为达到要求，宁夏中卫出台了制度和标准，例如根据区域、路况、车流、作业速度等因素，科学确定车辆作业定额和环卫工保洁面积，还建立了考核机制和监管机制。

在具体操作方面，中卫采取机械清扫与人工保洁无缝对接，每台洗扫车相当于 22 个环卫工人的工作量，既减少环卫工人数量，又明显提高了效率。

数据显示，2015 年末，全国城市道路清扫保洁（覆盖）面积 73.0 亿平方米，其中机械清扫面积 40.6 亿平方米，机械清扫率 55.5%。全年清运生活垃圾、粪便2.06亿吨，比上年增长6.0%。2015年末，全国县城道路清扫保洁面积23.7亿平方米，其中机械清扫面积10.3亿平方米，机械清扫率43.5%。全年清运生活垃圾、粪便0.71亿吨，比上年减少0.6%。如果环卫PPP项目效仿宁夏中卫的"以克论净"付费模式，无论是对政府、社会资本还是社会公众而言都是利好，将大大推动我国环卫PPP项目的落地。

PPP 项目绩效考核的监管

现代技术在治水处理PPP项目绩效考核中的应用仅以污水处理如何监管？

在PPP项目绩效考核体系中，项目本身的运营质量和效果是重要的考核指标，这一点在环保PPP领域体现得尤为明显。比如污水处理的效果和指标、土壤修复的效果和指标、垃圾焚烧发电的效果和指标。作为PPP项目合作一方的地方政府，对环保PPP项目的绩效考核都有着严格的规定。那么，怎样才能科学监管PPP项目的运营效果，并对PPP项目进行严格的绩效考核呢？

很显然，运用高科技的手段可以更好地对PPP项目的运营效果进行监督和检查，为政府支付补贴费用提供科学依据，同时更好地督促社会资本方提高运营质量、加强运营管理，为社会公众提供优美的生产生活环境。

笔者在实践中发现，在各种监管PPP项目运营质量和进行项目绩效考核的科技手段中，互联网信息技术不仅非常实用，而且运用越来越广泛。

经过多年的探索和发展，互联网信息技术迎来了"最好的时代"。早在2015年3月，李克强总理在政府工作报告中就提到，制定"互联网＋"行动计划，推动移动互联网、云计算、大数据、物联网等与现代制造业结合，促进电子商务、工业互联网和互联网金融健康发展，引导互联网企业拓展国际市场。2015年6月国务院常务会议部署推进"互联网＋"行动，通过了《"互联网＋"行动指导意见》，明确提出要推进"互联网＋"，促进协同制造、现代农业、公共服务等11个重点领域的发展。

作为PPP领域重要的环保行业，也在积极寻求与"互联网＋"亲密接触。实际上，通过环保PPP与"互联网＋"成功牵手，迸发出巨大的能量：将环境要素信息与互联网结合是中国环保领域的一大趋势，通过互联网实现各种环境要素的信息共享，既便于政府进行项目绩效考核，又有利于社会资本解决环境问题。例如某环境治理公司通过自身的技术优势，建设了包含卫星遥感监测平台、无人机环境监测分析平台和物联网就地监测平台为一体的综合环保信息服务平台，涉及工业烟气污染防治、水污染防治及固体废弃物处理等领域，覆盖火电、石化、冶金、水泥、玻璃制造及城市集中供热等多个行业，对工业节能减排、生态环境、国土资源及城市交通管理、规划监控等领域进行在线监测。

在笔者操作的一个污水处理 PPP 项目中，借助互联网技术、搭建互联网平台、融合污水处理前端后端各类信息于一体的 IC 卡发挥了重要的作用。通过 IC 卡在现场的运用，做到了污染物排放的实时监控，政府支付补贴费用真正做到了合理合法、公开透明，政府部门对此给予了高度评价和奖励。

借助互联网信息技术对 PPP 项目的运营监管和绩效考核，除了有利于项目的绩效考核外，对社会资本而言，还可以达到节能降耗、节约运营成本的效果。因此，社会资本有动力采取“互联网＋污水处理”模式提升 PPP 项目的核心竞争力尤其是运营管理方面的能力。

目前，我国部分污水处理厂呈现运营效率低，能耗大，成本高等弊端。从事污水处理的社会资本通过先进的技术、搭建先进的互联网信息平台后，实现污水处理企业科学化、规范化、信息化、精细化管理，达到节能降耗、节约运营管理成本的效果，从而提升污水处理项目的运营管控能力，提高项目收益率和投资回报率。进一步而言，国内部分水务公司尤其是大型水务公司通过 PPP 模式开拓污水处理市场，这些大型水务公司一般拥有多个污水处理项目且分布于全国各地。然而，这些遍及全国各地的污水处理厂工艺流程不尽相同，运营效率也是千差万别，在采取“互联网＋污水处理”模式后，社会资本可以统一管理、高效运维。以乡镇污水处理为例，我国正大力推进乡镇污水治理，但面临方方面面的困难，主要体现在四个方面：一是资金压力大，尤其是县域经济不太发达的地方政府资金压力大；二是部分由政府部门直接投资的乡镇污水处理设施投资超概算现象严重以及工程质量低劣；三是乡镇污水处理厂分散，存在“信息孤岛”、巡检难、管控难等问题，增加管理成本；四是项目竣工后，运营管理缺乏专业人才。污水处理厂建成后要么“晒太阳”，要么处理效果达不到环保要求；而社会资本通过采取“互联网＋污水处理”方式，利用云计算和物联网、大数据技术，科学有效地管理分布在各地的污水处理厂，解决“信息孤岛”问题，实现无人值守，提高管理和运维效率。

据了解，目前我国各地环保部门正积极建设环境信息数据中心，并且对环境信息化统一平台建设、统一建设标准、统一平台登录、统一运维。通过信息化建设推动跨地域、跨部门的信息互动和资源共享，重点是对大气、水、土壤等进行在线监测。

需要说明的是，PPP 模式主要应用于基础设施建设和公共服务项目建设，目前我国市政工程、生态建设和环境保护等领域 PPP 应用较多，然而，这些领域长期处于手工时代，相当多的技术数据遗失，或一线操作人员缺乏经验，这为"互联网＋环保 PPP"制造了障碍、埋下了隐患。比如污水处理厂相当多的技术数据遗失、重要的基础资料不全，无法借助互联网信息技术进行在线监测，当然也就无法进行科学的绩效考核。

此外，道路、水务、河道、智能停车等项目在不同的地方职能管理部门并不相同，比如污水处理 PPP 项目，有的地方归水务局负责，有的地方由环保局操作。由于职能部门的不统一造成了互联网信息技术操作上的困难，各职能部门的数据都只为自己的部门服务，没有统一的口径，造成 PPP 项目绩效考核的障碍。因此，当务之急是以"互联网＋"和 PPP 模式为主要抓手，首先解决政府职能部门不统一的问题，其次是组织技术专家搭建以"互联网＋"为特征的大数据平台，提高政府的资金使用效率，促进社会资本加强运营管理，实现政府、社会资本和社会公众的多方"共赢"。

建立基于 BIM 的 PPP 项目绩效考核系统

目前我国 PPP 项目绩效考核存在考核内容体量大、信息口径多、过程文件多、沟通效率低等问题。因此，亟须借助"互联网＋"思维，引入大数据、GIS 技术等来完成项目信息集成与共享。以 BIM 技术为例，借助 BIM 信息技术，实现基于 BIM 的 PPP 项目绩效考核管理流程清晰化、考核结果与财政支付计算自动化、信息记录多口径格式统一化。

1. BIM 基本介绍

BIM（Building Information Modeling）即建筑信息模型，通过收集建筑工程项目整个过程的详细数据来建立建筑模型，然后利用建立的 3D 建筑模型，模拟建筑物的真实参数对项目进行设计、施工和运营。BIM集成了建筑工程项目全生命周期（包括设计、建设、运营、维护等）的工程数据，以数字化的方式表达工程项目的实施主体与功能特性。在建筑工程项目进展的不同阶段，不同的参与主体可以通过BIM进行更新、修改、获取所需要的信息和数据，实现建筑工程的协同作业。

综合来看，BIM具有可视化、协调性、模拟性、优化性、可出图性等特点。

（1）可视化。

传统上，施工图纸只是各个构件的信息在图纸上采用线条绘制表达，真正的构造形式需要建筑行业相关人员自行想象。随着近年来建筑造型越来越复杂，对建筑人员的想象力提出了严峻挑战，而BIM通过3D建筑模型，并有大量的信息展示，给人们提供了一种非常直观的可视化思路，也就是将以往的线条式的构件形成一种三维立体实物图形展示出来。更为重要的是，基于BIM技术应用平台，建筑项目设计、建造、运营等全过程的沟通、讨论、决策等都在可视化的状态下进行，既节省了沟通和管理成本，又提高了建筑项目的建设和运营质量。

（2）协调性。

"协调"是建筑行业的一个核心特点，包括地方政府与社会资本之间、社会资本与施工单位之间、施工单位与供应商之间、施工单位与设计单位之间，运营机构与使用者之间，融资方与借贷方之间等，都需要很好地协调，才能保障PPP项目持续稳定地运行。

说到底，"协调"因素贯穿了一个建筑项目从设计到融资到建设再到运营的各个阶段，也就是项目的全生命周期。建筑工程无论是设计、融资、建设还是运营，如果相关主体协调融洽，不仅可以大大节约时间成本和经济成本，而且还可以提高建筑工程的建设效率和运营效率。反之，如果相关主体之间协调和配合不好，不仅项目建设受阻，还将大大增加建设运营成本。

在传统模式下，当建筑项目建设运营出现问题时，通常情况是各相关参与方会组织起来开协调会解决。显然，这种"出现问题，解决问题"的方式具有明显的滞后性，大大影响工程的建设进度和运营质量。随着BIM技术的应用，其在协调性方面的优点有了用武之地，最突出的优点是未雨绸缪，即在问题未出现之前就开始发挥作用：BIM建筑信息模型可在建筑物建造前期对各专业的碰撞问题进行协调，生成协调数据并提供出来，为项目建设和运营阶段的绩效考核奠定坚实的基础。

（3）模拟性。

BIM 技术的模拟性包括三类：一是 3D 模拟，BIM 软件建立的 3D 空间模型可以通过各种平面、立面、空间建筑图以及 3D 动画完成[①]。二是 4D 模拟，4D 模拟即三维模型加上建筑项目的发展时间。在建筑工程的招投标和施工阶段进行 4D 模拟，可以根据施工的组织设计模拟实际施工，从而确定合理的施工方案来指导施工。通过 BIM 技术应用，三维可视化功能加上时间维度，便可以在计算机上进行虚拟施工[②]，随时随地直观快速地将施工计划与实际进展进行对比，建筑工程相关各方都对工程项目的各种情况了如指掌，从而减少建筑质量问题和安全问题。三是 5D 模拟，5D 模拟是基于 3D 模型的造价控制。通过创建 5D 关联的数据库，可以准确快速地计算建筑项目的工程量，提升施工预算的精度与效率，有效提升施工管理效率。总之，BIM 技术的模拟性特点有利于促进项目的建设和运营阶段的绩效考核。

（4）优化性。

借助 BIM 技术，建筑项目的设计、施工和运营等全过程可以实现更好优化：BIM 技术应用平台提供各类复杂的信息（包括几何信息、物理信息和规则信息等），为建筑项目从业人员作出科学决策提供充足依据，从而有利于项目建设和运营阶段的绩效考核。

（5）可出图性。

与传统的建筑设计图纸不同，利用 BIM 技术可以对建筑物进行可视化展示，并能够出图纸：一是经过碰撞检查和设计修改，消除了相应错误以后的综合管线图；二是综合结构留洞图；三是经过碰撞检查后的侦错报告和改进方案。

（6）有利于精细化管理。

目前，精细化管理已成为现代企业管理的首选，工程建设也需要精细化管理，通过加强内部控制，健全项目管理体系，提高项目管理水平和盈利能力。实践发现，建筑施工企业很难推行精细化管理，其根本原因在于建筑工程技术越来

---

① 各个图纸都来自于同一个模型，各图纸之间存在关联互动性，任何一个图纸的参数发生改变，其他图纸的参数也会发生相应改变，从而将建筑的整体变化直观展现出来，便于设计者工作。

② 虚拟施工是指实际建造过程在计算机虚拟世界的高仿真在线，将虚拟现实技术应用于施工过程，并对内力分析进行仿真计算，从而优化施工方案的全过程。它采用计算机仿真与虚拟现实技术，在高性能计算机的支持下，在计算机上群组协同工作，综合整理施工活动中的人工、材料、物流、设备等多方面的信息参数，将所有的信息参数转化为计算机数据，并将这些数据化的信息可视化展现，使观察者可以更直观地发现并解决施工技术问题。

越复杂、投资规模越来越大，各类信息量也越来越大。管理的支撑是数据，工程项目管理的基础就是工程基础数据，及时、准确地获取相关工程数据是工程项目精细化管理的前提条件。在传统模式下，通过图纸或平面模型根本无法达到这一要求。而通过 BIM 技术平台，可以让相关管理方快速准确地获得工程基础数据，为工程项目的建设、运营、绩效考核提供巨量的信息数据，从而为工程项目精细化管理和绩效考核奠定坚实的基础。

（7）高效处理成本。

研究发现，采用传统建筑软件和管理手段进行成本核算十分困难：一是数据量大，每一个施工阶段都涉及大量的材料、机械以及工种等，再加上许多项目遇到特殊天气、召开大型活动等需要赶进度，很难做到优化管理；二是牵涉部门和岗位众多，实际成本核算十分困难；三是原材料消耗量和资金支付情况复杂。以原材料为例，有的进了库未付款，有的先预付款未进货。而 BIM 技术在处理实际成本核算中优势巨大，其可以建立与成本相关数据的时间、空间、工序维度关系，从而高效处理实际成本，这为项目本身的建设和运营成本考核奠定了坚实的基础，更有利于项目建设和运营阶段的绩效考核。

2. BIM 与 PPP

一方面，随着我国经济社会快速发展，重大工程越来越多，建设规模越来越大，涉及的专业也越来越复杂，建筑行业面临着严峻的考验。作为国内工程建设领域最受欢迎的应用技术之一，BIM 是我国建筑业发展的必然选择。另一方面，在我国经济发展步入新常态的大背景下，采用 PPP 模式，发挥政府和社会资本双方的优势，大力进行基础设施建设和社会公共服务是大势所趋。

近几年，BIM 技术在建筑行业的应用越来越广泛。就应用领域而言，BIM 技术与 PPP 模式有着高度的一致性，二者契合度高。BIM 技术主要应用于建筑领域的公路、铁路、桥梁、机场、综合管廊等基础设施建设，是基础设施建设先进的辅助工具。

进一步而言，BIM 技术可以为建筑工程的全生命周期（设计、建设、运营、维护）提供决策信息和依据。通过引入先进的 BIM 技术，用以打破 PPP 模式下政府和社会资本信息不对称、重建设和轻运营等弊端，从最大程度上提高基础设施和公共服务项目的经济效益和社会效益。

事实上，我国从中央到地方大力推广 PPP 的同时，也在加紧推动 BIM 技术在基础设施建设领域的运用。如上海市规定从 2017 年起，投资额 1 亿元以上或单体建筑面积 2 万平方米以上的政府投资工程、大型公共建筑、市重大工程等必须实现设计、施工阶段的 BIM 技术应用。

可以说，BIM 和 PPP 契合度相当高，未来 PPP 项目中应用 BIM 技术、基于 BIM 促进 PPP 项目绩效考核将是大势所趋。

【案例 5 - 6】

G233 灌云 PPP 项目

公开资料显示，基于 BIM 技术的 PPP 项目绩效考核管理系统，由北京明树数据科技有限公司和南京云滨信息科技有限公司联合开发，由江苏睿致诚咨询有限公司率先在江苏省进行应用示范与推广。G233 灌云北环段（G204 至 S236 段）PPP 项目（以下简称"G233 灌云 PPP 项目"）是江苏省省级 PPP 试点项目，G233 灌云 PPP 项目率先引入"数据系统 + 绩效考核"模式，成为江苏省首例使用基于 BIM 的绩效考核系统的 PPP 项目，目前已成功完成第一次建设期绩效考核。

G233 灌云 PPP 项目位于江苏灌云县城以北，路线全长约 8.476 千米。全段采用双向 4 车道一级公路（城镇断面）标准建设，按 80km/h 速度设计。项目选线涉及征地拆迁，线路走向跨越河流，需建设 1 座大桥，2 座中小桥。项目投资总额为 4.6 亿元。建设工程包括但不限于三通一平、杆管线迁改和恢复、临时用地及恢复、便道便桥及恢复、路基路面工程、桥涵工程、交通工程、机电工程等。质量要求为交工验收合格，竣工验收优良；项目移交质量达到公路养护质量检验评定合格标准。项目运营内容包括但不限于交、竣工验收后，对项目实施日常保洁及小修保养（不含绿化、路灯运营维护、桥梁检测、大中修），确保公路处于良好技术状态。G233 灌云 PPP 项目建设期为 2 年，运营期为 8 年。采用 PPP 模式下的 BOT 方式（建设—运营—移交）。项目公司政府方出资代表占股 10%，社会资本方占股 90%。

2018 年 1 月，G233 灌云 PPP 项目在管理系统的协助下高效开展绩效考核工作。项目实施机构灌云县交通运输局组织财政、审计、工程管理、质量监督等领域的代表及专家组建了绩效考核小组。绩效考核小组依据项目建设期绩效考核指标，在绩效考核系统的辅助下对项目进行了建设期的第一次绩效考核。咨询服务单位详细介绍了本次绩效考核的流程及指标，并运用 BIM 模型可视化技术演示项目各个路段的进展情况。随后，绩效考核小组进入现场进行实地考核，项目公司、监理单位及技术服务单位也分别介绍了项目的建设推进情况。绩效考核小组在考核的过程中，将发现的问题进行现场记录，通过移动端 APP 上传至绩效考核管理系统。现场考核结束后，绩效考核专家在绩效考核管理系统的 PC 端根据问题记录情况，对项目进行绩效考核评分，系统根据评分情况自动算出本次考核的最终得分，并形成本次绩效考核的绩效考核报告。绩效考核报告显示 G233 灌云 PPP 项目在质量、工期、安全文明施工、社会满意度等方面均达到绩效考核指标要求，本次绩效考核圆满通过。绩效考核表明 G233 灌云 PPP 项目从项目开工建设以来，建设工作进展顺利，项目公司认真履行 PPP 合同约定的职责，有序推进项目建设任务。

3. 基于 BIM 的 PPP 项目绩效考核系统解释

所谓基于 BIM 的 PPP 项目绩效考核系统是指以 Web–BIM 为基础，结合 GIS 技术、大数据平台及互联网优势，旨在协助政府方对 PPP 项目开展绩效考核工作。系统包括项目信息、考核系统、财政支出监测、问题统计分析与整改等多个模块，可以为政府规范 PPP 项目绩效考核工作、跟踪项目问题整改情况、建立项目资产台账和财政支出责任台账等提供保障，满足政府 PPP 项目绩效管理多项工作需求。

基于 BIM 技术的 PPP 项目绩效考核具有可视化的特点：一是根据 GPS 定位，移动端现场考核可实现模型的实时联动；二是三维模型按"点"显示考核内容的存在问题及整改情况；三是多方基于 3D 模型和现场照片进行沟通，提高信息传递效率。

第六章　PPP 项目绩效评价

PPP 项目绩效评价存在的问题及作用

在国家严格 PPP 项目绩效考核的背景下，面对接踵而至进入运营期的 PPP 项目，如何进一步落实好国家有关 PPP 绩效考核与政府资金支付挂钩的规定、加强政府绩效评价工作能力建设以及逐渐形成 PPP 项目绩效评价工作流程与方法等，都将成为 PPP 推广的持续关注点。

1. PPP 项目绩效评价

所谓绩效评价，是指根据设定的绩效目标，运用科学合理的绩效评价指标和评价方法，对预算支出的经济性、效率性、效果性、公平性等进行客观、公正的评价。项目绩效评价作为项目管理的一种思想，主要目的在于使项目监管者了解项目的关键进展状况，发现项目执行过程中的问题。近年来，财政部、国家发改委出台的各项文件中均明确规定，绩效评价工作是监督与管理 PPP 项目规范执行的重要手段。

PPP 项目的绩效评价是指利用科学的评价标准，采用科学的、合理的、规范的以及有效的评价方法对 PPP 项目在投入、合作过程、项目产出、效果及影响方面，就其经济性、效率性、成效性、公平性和可持续性等的预期目标进行全面考核评价的经济活动。具体而言，PPP 项目绩效评价是指在项目确定采取 PPP 模式之后，按照项目利益关系人如政府、社会资本、金融机构、承包商、供应商、社会公众等各方面要求，对项目实施、建设、运营维护相关的经济、社会、风险分担、环境和技术等各方面因素，从项目投入、过程控制、结果、影响等角度进行全面和客观的评价。

如何对 PPP 模式下基础设施建设项目和社会公共服务项目进行合理的绩效评价，关系到项目绩效水平的提升，关系到政府与社会资本、金融机构、广大社会公众等各方面的切身利益，更关乎项目成败，是亟待解决的问题。

2. PPP 项目绩效评价的作用

PPP 项目绩效评价工作能否有效开展，绩效评价结果能否被有效利用，是 PPP 项目能否成功推广的重要因素之一。目前，针对 PPP 项目的评价主要有 PPP 项目财政承受能力论证、物有所值分析以及项目实施过程中或结束后的绩效评价。其中，PPP 项目绩效评价贯穿项目的全生命周期，即从项目开始到项目结束的整个过程。

PPP 项目绩效评价具有非常重要的作用：一方面，项目绩效评价规范了政府与社会资本参与 PPP 项目的行为，促进政府职能转变，激励与约束社会资本的投资、建设与运营，提升项目建设与运营的质量和效率；另一方面，与传统的投融资管理模式相比，PPP 投资规模大、合作期限长、利益主体复杂等，因此项目风险程度更高，而 PPP 项目绩效评价通过事中和事后的跟踪问效，防范或减少了项目可能存在的问题，降低了 PPP 项目的风险系数。总的来说，PPP 项目绩效评价将大大促进 PPP 项目的顺利开展。

3. PPP 项目绩效评价面临的主要问题

（1）缺乏法律基础。

据了解，在"法律规范 + 配套政策 + 操作指引"的框架体系下，我国 PPP 相关政策密集出台，政策体系逐步完善。然而，根据我国的法律、法规和政策的层级和效力，在权威的 PPP 立法尚未出台之前，现存的多为部门规章和条例，不仅层级较低，法律效力相对不足，而且相互之间存在冲突之处，影响了 PPP 在我国的发展和 PPP 项目的落地。其中，在 PPP 项目中占有重要位置的 PPP 项目绩效评价，也没有专门的、指导性强的法律法规，这进一步阻碍了 PPP 项目的科学推进。

（2）缺少专门独立的评价机构。

实践中，PPP 项目绩效评价主体一般是财政部门或发改委下设的评审中心或评审委员会，缺少独立专业的 PPP 评价机构，一方面，这些部门职责较多，团队的专业程度不够，PPP 项目绩效评价的质量有待提高；另一方面，这些部门依附于政府主管部门，独立性相对较弱。

（3）缺少针对 PPP 项目特性的风险评价体系。

与传统的投融资管理模式相比，PPP 项目风险因素更多、风险系数更大。具体来说，PPP 项目主要风险有法律政策变更风险、政府信用风险、融资风险、收益不足风险、公众反对风险以及不可抗力风险等。但目前我国缺少针对 PPP 项目特性的风险评价体系。因此，要科学地进行 PPP 项目绩效评价，在评价设计阶段就要对 PPP 项目各环节的风险要素进行充分识别，并在评价流程、人员配备和指标设计上针对 PPP 项目的特性和风险进行计划和安排。

由于 PPP 在我国推广的时间并不长，在 PPP 项目的绩效评价上科学性不够，主要表现在：一方面，政府部门过于追求社会效益和公众满意度而忽略了社会资本的利益；另一方面，社会资本侧重于项目本身的营利性而忽略了 PPP 项目的社会效益。总体来看，包括 PPP 项目评价在内，我国公共项目评价仍处于初级阶段，还未形成独立、规范的评价体系。

PPP 项目绩效考核中期评估

所谓中期评估，是指在项目已经完成并运行一段时间后，对项目的目的、执行过程、效益、作用和影响进行系统的、客观的分析和总结的一种技术经济活动。通过对投资活动实践的检查总结，确定投资预期的目标是否达到，项目或规划是否合理有效，项目的主要效益指标是否实现，通过分析评价找出成败的原因，总结经验教训，并通过及时有效的信息反馈，为未来项目的决策和提高完善投资决策管理水平提出建议，同时也为被评项目实施运营中出现的问题提出改进建议，从而达到提高投资效益的目的。早在 2004 年中期评估就作为重要的监督、管理手段被引入市政公用事业特许经营项目监管政策中，经过多年的应用和发展，对我国特许经营事业的规范发展起到了重要的促进作用。目前，我国在基础设施及公共服务领域 PPP 项目相关政策中继续保留了中期评估制度。[①]

需要指出的是，PPP 项目中期评估的"中期"，并不是项目建设运营的"居中"时期，而是指 PPP 项目自建设始至项目合作期满前的某一个或多个特定的时段，是项目"运营中"的评估。对于一个运营期长达二三十年的大型 PPP 项

---

① 康峰，闫凌蔚 . PPP 项目中期评估体系构建及实践经验探析［EB/OL］. http：//www. cfacn. com/bigdata/show. php？itemid = 455.

目,"每 3~5 年"所进行的每一次评估都称之为"中期评估"。若按"每 3~5 年"一次,在 PPP 项目全生命周期中,将有多次中期评估。

1. 中期评估政策

如上所述,PPP 项目政府付费和可行性缺口补贴与项目绩效考核密切相关,尤其是财政部《政府和社会资本合作项目财政管理暂行办法》(财金〔2016〕92号)指出,绩效评价结果应当作为项目公司或社会资本方取得项目回报的依据(见表 6-1)。

表 6-1　中期评估政策依据

序号	发文时间	发文单位和文件名称	主要内容
1	2004 年	建设部发布《市政公用事业特许经营管理办法》(建设部令第 126 号)	在项目运营的过程中,主管部门应当组织专家对获得特许经营权的企业经营情况进行中期评估。评估周期一般不得低于两年,特殊情况下可以实施年度评估
2	2005 年	建设部发布《建设部关于加强市政公用事业监管的意见》(建城〔2005〕154 号)	要加强对特许经营项目的评估工作,建立定期评估机制。对评估中发现的产品和服务质量问题,要提出整改意见并监督企业限期整改。评估的结果应与费用支付和价格调整挂钩。评估结果要及时报上一级主管部门备案
3	2014 年	财政部发布《关于印发政府和社会资本合作模式操作指南(试行)的通知》(财金〔2014〕113 号)	项目实施机构应每 3~5 年对项目进行中期评估,重点分析项目运行状况和项目合同的合规性、适应性和合理性;及时评估已发现问题的风险,制定应对措施,并报财政部门(政府和社会资本合作中心)备案

2. 中期评估目的与作用

为什么要对 PPP 项目进行中期评估?最根本的目的是为了保障 PPP 项目健康持续地运营,实现推广 PPP 项目的初衷。具体来说,一是实现政府的监督管理职能。作为 PPP 项目的监督者,政府有责任和义务对项目进行监督管理,而中期评估是一种重要的监管方式。二是保障广大社会公众利益。通过对 PPP 项目进行中期评估,对项目运营过程中的质量、价格、安全等进行科学的评估,达到保障社会公众权益的目的。三是保障政府与社会资本持续合作。通常情况下,一个 PPP 项目的合作期限长达二三十年甚至更久,在漫长的合作过程中,项目的内外部环境都将发生新的变化,项目亦将面临新的困难和挑战。通过开展中期评估,能够及时发现项目的风险并着力解决,从而促进双方持续合作。

PPP 项目中期评估的作用也是显而易见的,最直接的是通过中期评估,出台中期评估报告（报告内容主要包括运营管理、产品质量、成本管理、用户满意度等）能够检验项目运营效果，发现项目运营中出现的问题，总结项目运营中的成功经验。对社会资本而言，能够纠正其运营过程中存在的不足和违背 PPP 合同的内容，提高运营服务的质量和效率。对政府而言，可以帮助其深化项目的了解程度，提示项目内外部风险，有针对性地制定应对措施，完善监管体系，以加强后续的监管。进一步而言，PPP 项目中期评估总结的经验，还可以用于本地区新实施 PPP 项目的前期设计参考和本地区其他 PPP 项目的监管。此外，PPP 项目中期评估还可以用于检验本项目绩效评价体系的合理性和适用性，根据实际情况完善绩效评价指标和权重。

3. 中期评估内容

根据国家相关政策要求，PPP 项目实施机构组织相关专家、人员或聘请中介机构每隔 3~5 年对 PPP 项目运营及合同双方的履约情况进行中期评估。PPP 项目中期评估的主要内容分为两大部分：一是 PPP 项目的合规性评价。PPP 项目从识别、准备、采购、合同签订到执行，都有很多约定，以规范 PPP 项目的执行行为。二是对预期经济技术指标实现程度的评价。主要体现为 PPP 项目合同、协议、可研报告、产出说明等文件所确立的建设任务、建设规模和建设方案中一系列经济技术指标的实现程度，以及 PPP 项目物有所值定量指标的实现程度。具体来说，PPP 项目中期评估的内容主要包括项目采用 PPP 模式运作过程的合规性评估、PPP 项目建设与产出情况评估、PPP 项目运行情况评估、PPP 项目政府监管的评估、PPP 合同评估以及风险评估。其中，对项目公司的评估是重点，主要对项目公司投资建设发展、基本建设程序执行、企业财务状况、产品和服务质量、运营管理和控制以及企业文化等进行全方面的评价。

【案例 6-1】

某养老中心 PPP 项目（以下简称"本项目"）中期评估

本项目中期评估为每三年一次，从项目投入使用起算。由某市某区民政局发起，组织财政局及政府其他相关部门有关专家组成评估小组（或由某区政府指定专业第三方咨询机构）对项目的运营情况进行评估，中期评估包括以下主要内容：

一、项目设施的建设与改造是否依据规定基本程序和规划要求执行；

二、行业发展和投资是否满足城市功能的需求；

三、提供的产品和服务是否满足各类标准规范要求；

四、行业服务质量和用户投诉处理情况；

五、应急预案的制定、执行情况；

六、成本、价格的控制和执行情况；

七、行业规划和年度计划的制定、执行情况；

八、重要设备、设施的完好情况；

九、运营服务和管理情况；

十、社会公益性义务的执行情况；

十一、特许经营授权人认为需要评估的其他事项。

本项目开展中期评估按照以下程序执行：

一、政府在每一个中期评估前一个月向 PPP 项目公司发出中期评估通知；

二、PPP 项目公司在收到通知后的一个月内负责准备和报送涉及中期评估内容的相关资料，包括中期评估年度经营计划及执行情况、各类财务报表、生产运行过程中的各类报表及投诉处理建设和投资情况说明、保障正常运行的普遍服务公益性义务的执行情况以及服务对象满意度调查等；

三、政府应在发出中期评估通知后的三个月内组织专门人员完成工作，并向特许经营企业出具中期评估报告。

对中期评估报告的部分内容，政府有权以适当方式予以公示。

如果经中期评估发现 PPP 项目公司不履行其在《PPP 特许经营合同》下运营和维护项目设施的义务，或者 PPP 项目公司不再具备履行《PPP 特许经营合同》的能力，则政府可就此向 PPP 项目公司发出书面通知，并要求项目公司在政府要求的合理期限内整改，不超过一年。如果 PPP 项目公司在整改期限后仍达不到要求，则政府可以提前终止《PPP 特许经营合同》。

中期评估的费用由政府承担。

附：

据了解，为指导评估机构执行 PPP 项目资产评估及相关咨询业务，维护 PPP 项目各相关当事方合法权益，促进 PPP 模式的实施与推广，根据国家相关法律、法规，财政部、国家发改委等部委相关规定，中国资产评估协会通过总结评估行业积累的 PPP 项目实践经验，制定了《PPP 项目资产评估及相关咨询业务操作指引》，主要内容如下：

1. 绩效目标编制操作要求

绩效目标主要内容通常包括：预期产出目标（提供公共产品或者公共服务的数量、质量、时效目标，以及达到预期产出所需要的成本和资源等）；预期效果目标（项目经济效益、社会效益、环境效益和可持续影响等）；衡量预期产出、预期效果和相关方满意程度的绩效评价指标等；为实现项目绩效目标所需要的保障制度、措施和工作计划，以及项目管理内容和相应目标要求等。

2. 明确项目在考核期间的绩效目标

如果项目在实施方案或者合同中缺少绩效目标、绩效目标不明确或者绩效目标有偏差，评估机构需要与委托方进行沟通，根据评价依据以及项目客观情况确定合理的绩效目标。项目绩效目标设置需要符合的要求主要有：一是指向明确，绩效目标符合国民经济和社会发展规划、部门职能以及行业发展规划，并与相应的项目支出范围、方向、效果紧密相关。二是具体细化，绩效目标从数量、质量、时效、成本等方面进行细化，尽量进行定量表述，不能以量化形式表述的，可以采用定性的分级分档形式进行表述。三是合理可行，制定绩效目标要以结果为导向，要经过调查研究和科学论证，符合客观实际。制定绩效目标要与编制项目预算有机结合，要结合项目管理的基本要素和相应要求，进行成本效益分析。四是物有所值，绩效目标的设置符合物有所值的理念。通过目标设置，与政府提供公共产品或公共服务的传统模式相比，能够科学考量社会资本的参与，有效降低项目全生命周期成本、提高公共产品或者公共服务质量效率。

3. 中期评估操作要求

中期评估需要重点分析项目运行状况和项目合同的合规性、适应性和合理性：一是项目运行状况，重点评估项目运行情况，在该阶段为完成绩效目标所需要的各种资源成本消耗情况、项目管理及其完成情况，以及项目预期产出、效果等目标的完成进度情况等。二是项目合同履约状况。重点评估项目合同签订的合规性、适应性、合理性，项目是否按照合同约定内容完成既定目标，包括产出以及效果等目标。三是项目物有所值状况。与政府提供公共产品或公共服务的传统模式相比，社会资本参与能有效降低项目全生命周期成本、提高公共产品或者公共服务质量效率，项目是否真正达到物有所值。四是项目运行偏差情况。评估项目是否按既定计划运行，在项目实施阶段中的偏差度和影响度。五是项目运行纠偏情况。重点评估项目运行纠偏措施的制定和整改落实情况。

4. 中期评估的基本程序

（1）确定中期评估目标。在核对项目所处生命周期基础上，识别该阶段利益相关方，并根据该实施阶段关键成功要素拟定中期评估目标。

（2）制定中期评估方案。根据中期评估的目标与要求，制定中期评估方案，包括项目背景和基本情况、项目绩效目标、项目主要评估指标、主要调查方法以及项目工作的组织与实施。

（3）开展中期评估。依据确定的重点目标，对项目管理的相关内容和目标要求的完成情况实施中期评估，归集评估信息。

（4）进行偏差分析。根据中期评估信息，对照重点评估的目标，发现项目绩效运行偏差、分析偏差原因。

（5）提出纠偏路径。依据偏差分析，结合项目实际，提出实施纠偏的路径和方法。

（6）及时实施纠偏。项目绩效运行情况与项目实施阶段设定的绩效目标要求发生较大偏离时，中期评估主体需要及时查找问题、分析原因、采取措施、及时纠偏。

（7）形成中期评估结论。依据项目基本情况、目标设定情况、项目组织实施情况、绩效目标完成以及偏差情况、存在问题以及纠偏情况等，撰写《中期评估结果报告》形成中期评估结论。

建立 PPP 项目综合评价体系

确定合理的评价指标体系是 PPP 项目绩效评价的关键。PPP 项目的绩效考核主体一般为项目实施机构，亦可将公众满意度纳入评价体系，建立公众使用者与政府共同参与的综合评价体系。

1. PPP 项目绩效评价类型

PPP 项目绩效评价工作能否有效开展、评价结果能否有效运用，是衡量项目是否取得成效的主要手段。

业内专家指出，PPP 项目绩效评价类型一共有三种：第一种是政府综合管理部门以完善 PPP 项目管理为目标的绩效评价。这种绩效评价通常由政府综合管理部门主导开展，实施评价的主要目的是发现和解决问题，总结经验教训，完善项目管理，以保证 PPP 项目健康可持续运营①；第二种是政府特定主管部门为履行特定管理职责而开展的绩效评价，比如财政部门为实现预算和支付管理目的而对 PPP 项目开展的绩效评价，以及价格主管部门为价费调整目的而对 PPP 项目开展的绩效评价等。第三种是政府实施机构为履行 PPP 项目监管职责而开展的绩效评价。这种绩效评价以 PPP 合同约定为依据，评价结果将运用于项目公司履约监督、政府补贴调整和违约处理等方面。这种绩效评价结果往往与政府付费或可行性缺口补贴支付挂钩，作为 PPP 项目实行按效付费的依据。

2. PPP 项目绩效评价 "4E" 的原则

鉴于 PPP 项目的特殊性，如投资建设主体、融资主体、运营维护主体等均与传统政府投资项目不同，这决定了 PPP 项目绩效评价与传统的政府投资项目绩效评价有所不同。

就传统公共项目的财政绩效评价而言，Terry Fenrick 在 1995 年提出了 "3E" 评价准则，即经济性（Economy）、效率性（Effectiveness）和效果性（Efficiency）。

针对 PPP 项目的特殊性，目前，有学者提出了 PPP 项目绩效评价的 "4E" 原则，即在前述 "3E" 的基础上加上了社会公平（Equity）。经济性是指项目花费成本及获取利润的合理性；效果性是指项目产出带来的实际影响，即客观的成功；效率性是指资源的有效利用，即项目实施过程中投入产出比；公平是指一方面考虑利益相关者的满意度，另一方面考虑社会效益与可持续发展。

通过 "4E" 原则确立项目绩效评价的基本指标：一是项目运营的经济性（Economy），主要包括政府的资金控制，社会资本的合理收益等；二是项目的效率性（Effectiveness），社会资本或项目公司需提供高效的公共服务；三是项目的效果性（Efficiency），主要包括工程质量、工期、环境和安全指标等；四是项目的公平性（Equity），提高项目各方的满意度，提高项目社会效益，保障项目持续健康发展。

需要指出的是，"4E" 在 PPP 项目实施中具有同等的重要性，无论是经济、效率、效果、公平，缺一不可。因此，在对 PPP 项目进行绩效评价时，一方面不能通过单一结果进行评价，而是要根据 "4E" 原则综合评价，从而反映项目真实结果，保障评价的科学、公平、公正；另一方面通过项目逻辑流程进行实质性

---

① 此类评价的主要内容包括 PPP 项目前期招商实施工作评价、项目公司在投资、建设和运营环节的绩效评价、PPP 合同条款执行情况、相关政府部门监管情况评价、公众满意度评价、项目可持续性评价等，为政府把握项目整体情况、完善项目管理提供相应参考。

的系统评价，从项目投入、项目过程、项目结果、项目影响等逻辑体系系统性地考核项目，改进和提高项目绩效评价，最终提高项目的综合效率。

3. 建立以 PPP 项目目标为导向的按效付费评价机制

建立以 PPP 项目目标为导向的按效付费评价机制是大势所趋。一方面，突出 PPP 项目目标导向理念，围绕项目应向社会提供的功能和服务目标建立绩效评价指标体系。具体来说，抓住项目主要目标进行层次化设置。以城市道路 PPP 项目为例，项目的主要目标是为城市车辆和行人提供"交通通道服务"，以此为出发点，可将现行的分阶段可用性付费考核扩展至全生命周期整体性的可用性考核付费，相应"按效付费"的计量考核标准可按年度内实现合格"通道服务"的天数予以设置，以此为核心指标再辅以其他次级目标指标建立相应的绩效评价方法。再以河道治理 PPP 项目为例，项目的主要目标是对河道进行治理，为社会公众提供优美的生产生活环境。在某河道治理 PPP 项目绩效考核中，主要针对项目各项前期工作的合法合规性、工程投资完成情况、工程质量等情况进行考核，目的在于提升项目运营阶段的品质。另一方面，项目建设期绩效考核拟从工程质量、进度、安全、环境保护、人员及设备投入等维度，明确考核要求、考核方式。鉴于工程建设考核目标均为"应达到的"要求，因此考核结果的落实形式为：如项目公司无法满足相关考核要求，则相关行政监管部门可根据适用的行政管理办法给予项目公司行政处罚，并责令其在规定期限内改正。如项目公司拒绝改正或未在规定期限内予以改正，则相关部门有权自行组织对该等问题进行改正，且有权从项目公司提交的建设期履约保函中兑取相关费用（见表 6-2）。

表 6-2　项目竣工验收指标

指标类别	指标要求
质量	《水利水电工程施工质量检测与评定规程》（SL176—2007）、《水利水电建设工程验收规程》（SL223—2008）、《给水排水管道工程施工及验收规范》（GB50268—2008）、《水闸工程管理设计规范》（SL170—96）、《城市防洪工程设计规范》（GB/T50805—2012）、《园林工程质量检验评定标准》、《园林绿化工程施工及验收规范》（CJJ82—2012）、《城镇道路工程施工与质量验收规范》（CJJ1—2008）、《公路工程技术标准》（JTGB01—2014）、《城市桥梁工程施工与质量验收规范》（CJJ2—2008）、《城市道路照明工程施工及验收规程》（CJJ89—2012）、《通信管道工程施工及验收规范》（GB 50374—2006）、《建设工程质量管理条例》（国务院令第 279 号）、《水利工程质量管理条例规定》（水利部第 7 号令）、《建筑工程施工质量验收同意标准》（GB50300—2013）等，并做到一次性验收合格

指标类别	指标要求
工期	开工日：××××年×月×日（实际开工时间以监理工程师的开工令为准）。竣工验收日：自前述实际开工时间起不超过三年，以签署的《PPP 项目合同》约定的竣工时间为准
环境保护	《建设项目环境影响评价规范》（JTGB03—2006）；《建设项目环境保护管理条例》（国务院令第（1998）253 号）；《公路建设项目环境影响评价规范》（JTGB03—2006）；《公路环境保护设计规范》（JTGB04—2010）；《环境空气质量标准》（GB3095—2012）；《地表水环境质量标准》（GB3838—2002）；《声环境质量标准》（GB3096—2008）；《污水综合排放标准》（GB8978—1996）；《建筑施工场界环境噪声排放标准》（GB12523—2011）
安全生产	需符合《水利工程建设安全生产管理规定》《市政工程施工安全技术操作手册》《建筑施工安全检查标准》（JGJ59—2011）、《河南省市政公用工程安全文明施工管理规定（暂行）》的通知（豫建城〔2007〕46 号）等相关规定
应急处置	按照《PPP 项目合同》、工程承包合同及相关法律法规要求，及时组织应急救援，处理和应对项目工程范围内的突发事件
备注	①若国家、省出台具体验收办法，则本表中与之不一致的标准，以国家、省出台标准为准进行调整执行。②本表要求仅作为参考，具体以主管部门的相关规定为准

4. PPP 项目绩效评价体系构建

专家建议认为，在研究、实施 PPP 项目绩效评价相关问题时，重点需要从以下几方面入手解决：一是厘清与绩效评价相关的基本概念。目前，我国相关政策文件使用的基本概念主要包括绩效管理、绩效考核、绩效评价、绩效监测、中期评估、后评价等，在 PPP 项目绩效评价体系研究时，要弄清楚前述概念的内涵侧重点和逻辑关联，只有准确地界定概念才能更好地开展后续工作。二是充分结合当前政府财政预算绩效评价的共性框架和 PPP 项目绩效评价的个性需求，要充分熟悉现有财政支出绩效评价的常规做法，考虑拟构建的 PPP 项目绩效评价体系与现有制度框架的匹配度，做到简易适用。三是要站在整个 PPP 项目全流程管理角度由宏观到微观研究整个绩效评价体系的内在构成。首先，需要编制指导 PPP 项目整个合作期绩效评价实施的纲领性方案，而且该方案框架动态可调。其次，需要基于 PPP 项目过程管理的阶段性特征定义 PPP 项目绩效评价体系，明确不同阶段的重点工作内容和输出的成果。最后，在各阶段绩效评价框架范围内针对性地深化相关工作，形成易于操作的评价指标体系、操作办法和标准化的评价成果文本。

建立财政支出绩效评价政策体系

党的十九大报告指出，要加快建立现代财政制度，全面实施绩效管理。

我国的绩效评价制度伴随着财政改革而不断完善。自1998年提出建立公共财政体制的要求以来，一系列以部门预算为核心的改革措施得到推行，使得财政改革由收入领域开始转向支出领域，体现了以加强支出控制为主导的取向（见表6-3）。

表6-3　关于预算支出绩效评价的主要政策规定

序号	文件	主要内容
1	《财政部关于完善和推进地方部门预算改革的意见》（财预〔2006〕406号）	要把绩效管理理念与方法引入财政支出管理，逐步建立起与公共财政相适应、以提高政府管理效能和财政资金使用效益为核心的绩效评价体系，绩效考评项目和绩效考评指标选择要符合相关条件，绩效考评标准要符合客观实际，考评体系要健全，考评方法要科学。要按照统一规划、分步实施的原则，积极推进绩效评价工作，并将绩效考评结果作为编制以后年度预算的重要参考依据
2	《财政部关于推进财政科学化精细化管理的指导意见的通知》（财办〔2009〕37号）	推进预算支出绩效评价工作。加快完善相关机制和指标体系，选择有关重点项目、民生项目，积极推行预算支出绩效评价试点。规范管理办法，将评价结果作为改进预算管理和以后年度编制预算的重要参考依据
3	《财政部关于印发〈财政支出绩效评价管理暂行办法〉的通知》（财预〔2011〕285号）	从绩效评价的对象和内容，绩效目标，绩效评价指标、评价标准和方法，绩效评价的组织管理和工作程序，绩效报告和绩效评价报告，绩效评价结果及其应用等方面都做了详细规定，开始针对性完善绩效评价的全流程操作框架
4	《财政部关于推进预算绩效管理的指导意见》（财预〔2011〕416号）	逐步建立以绩效目标实现为导向，以绩效评价为手段，以结果应用为保障，以改进预算管理、优化资源配置、控制节约成本、提高公共产品质量和公共服务水平为目的，覆盖所有财政性资金，贯穿预算编制、执行、监督全过程的具有中国特色的预算绩效管理体系；强调预算支出绩效评价是预算绩效管理的核心。预算执行结束后，要及时对预算资金的产出和结果进行绩效评价，重点评价产出和结果的经济性、效率性和效益性；并建立预算支出绩效评价结果反馈和应用制度

续表

序号	文件	主要内容
5	《财政部关于印发〈经济建设项目资金预算绩效管理规则〉的通知》（财建〔2013〕165号）	将经济建设项目资金预算绩效管理分为基本建设类投资预算绩效管理和财政专项资金预算绩效管理，分别从绩效目标设定、绩效运行监控、绩效评价、绩效结果反馈与应用等方面制定了相关实施规则。2014年修订的预算法正式确立了预算的绩效原则，实质上也确立了国家治理的绩效原则。在编制年度预算时，上一年度预算执行情况、有关支出绩效评价结果成为重要的编制依据。各级预算应当根据年度经济社会发展目标、国家宏观调控总体要求和跨年度预算平衡的需要，参考上一年预算执行情况、有关支出绩效评价结果和本年度收支预测，按照规定程序征求各方面意见后，进行编制。在预算审查和批准时，对执行年度预算、改进预算管理、提高预算绩效、加强预算监督等提出意见和建议，是总预算草案和上一年度总预算执行情况审查结果报告的重要内容。在预算执行过程中，要加强对预算支出的管理和监督，各级政府、各部门、各单位应当对预算支出情况开展绩效评价。在决算审查阶段，支出政策实施情况和重点支出、重大投资项目资金的使用及绩效情况是决算草案重点审查的内容之一
6	《国务院关于深化预算管理制度改革的决定》（国发〔2014〕45号）	全面推进预算绩效管理工作，强化支出责任和效率意识，逐步将绩效管理范围覆盖各级预算单位和所有财政资金，将绩效评价重点由项目支出拓展到部门整体支出和政策、制度、管理等方面，加强绩效评价结果应用，将评价结果作为调整支出结构、完善财政政策和科学安排预算的重要依据
7	《财政部关于印发〈地方财政管理绩效综合评价方案〉的通知》（财预〔2014〕45号）	从实施透明预算、规范预算编制、优化收支结构、盘活存量资金、加强债务管理、完善省以下财政体制、落实约法三章、严肃财经纪律八个方面构建了地方财政管理绩效评价体系，评价得分采用百分制；财政部每年组织对上一年度地方财政管理绩效进行综合评价，评价结果作为相关转移支付分配的重要参考依据
8	《中国资产评估协会关于印发〈财政支出（项目支出）绩效评价操作指引（试行）〉的通知》（中评协〔2014〕70号）	在财预〔2011〕285号文、财预〔2011〕416号文基础上，以项目支出为重点，对绩效评价的概念，绩效评价的对象和内容，绩效评价程序，绩效评价方案，绩效评价指标、评价标准和方法，数据收集与分析，绩效评价报告等方面做了更为详尽的梳理和规定。使一般性项目支出的绩效评价有了更为完善的操作框架
9	《财政部关于印发〈预算绩效管理工作考核办法〉的通知》（财预〔2015〕25号）	重点给出了中央部门、省级财政部门的预算绩效管理工作的考核办法。明确"考核工作实行年度考核制，由财政部组织实施"，具体考核工作分为自我考核和财政部考核

续表

序号	文件	主要内容
10	《财政部关于加强和改进中央部门项目支出预算管理的通知》（财预〔2015〕82 号）	推进全过程项目支出绩效管理，加强绩效目标管理，开展绩效监控，实施绩效评价，强化评价结果的运用
11	《财政部关于印发〈中央部门预算绩效目标管理办法〉的通知》（财预〔2015〕88 号）	从绩效目标的定义，绩效目标的设定，绩效目标的审核，绩效目标的批复、调整与应用等方面做了详细规定。提出绩效目标要能清晰反映预算资金的预期产出和效果，并以相应的绩效指标予以细化、量化描述。绩效指标作为绩效目标的细化和量化描述，主要应包括产出指标、效益指标和满意度指标等。中央部门及所属单位应按照批复的绩效目标组织预算执行，并根据设定的绩效目标开展绩效监控、绩效自评和绩效评价
12	《财政部关于印发〈中央对地方专项转移支付绩效目标管理暂行办法〉的通知》（财预〔2015〕163 号）	在财预〔2015〕88 号文关于绩效目标管理的流程和操作规定基础上，针对性细化和明确了中央对地方专项转移支付的绩效目标管理办法
13	《财政部办公厅关于开展2016 年度中央部门项目支出绩效目标执行监控试点工作的通知》（财办预〔2016〕85 号）	绩效目标执行监控的主要内容主要包括年初计划提供的公共产品和服务的数量、质量、时效、成本等产出指标的完成值，项目支出计划带来经济效益、社会效益、生态效益等效果的实现程度及趋势，相关满意度指标的实现程度及趋势等
14	《财政部办公厅关于开展中央部门项目支出绩效自评工作的通知》（财办预〔2016〕123 号）	提出了中央部门实现绩效自评全覆盖。"项目绩效自评采取打分评价的形式，满分为 100 分。一级指标权重统一设置为：产出指标 50 分、效益指标 30 分、服务对象满意度指标 10 分、预算资金执行率 10 分。如有特殊情况，上述权重可做适当调整，但加总后应等于 100 分。各部门根据各项指标重要程度确定项目的二级绩效指标和三级绩效指标的权重"
15	《财政部关于进一步完善中央部门项目支出预算管理的通知》（财预〔2017〕96 号）	健全项目绩效评价管理。提高项目绩效目标编报质量，全面开展项目绩效目标执行监控，健全项目绩效自评体系，确保绩效自评结果客观、准确。建立完善的重大项目支出绩效评价机制，加强项目绩效信息公开；绩效评价结果与项目支出预算安排挂钩。财政部开展绩效评价的结果作为调整预算安排或相关支出政策的重要依据。上年绩效自评和重点绩效评价的结果，部门应在预算编制中充分应用

续表

序号	文件	主要内容
16	《财政部关于印发〈财政管理工作绩效考核与激励办法〉的通知》（财预〔2018〕4号）	针对全国36个省（含直辖市、自治区、计划单列市）制定了绩效考核办法，采用年度考核，考核得分采用百分制。考核内容主要是地方财政管理工作完成情况，具体包括财政预算执行、收入质量、盘活财政存量资金、国库库款管理、预算公开、推进财政资金统筹使用六个方面，在此基础上设置相应的动态和经验考核指标
17	《财政部关于印发〈地方财政预算执行支出进度考核办法〉的通知》（财预〔2018〕69号）	对地方财政预算执行情况提出了考核要求。考核对象为省级财政部门。对地市级、县级财政部门的考核工作，由省级财政部门按照本办法统一部署。地方财政预算执行支出进度考核为月度考核，考核月份为每年4月至12月。考核内容主要包括一般公共预算支出进度、政府性基金预算支出进度、盘活一般公共预算结转结余考核、盘活政府性基金预算结转结余考核、盘活部门预算结转考核

除了以上一般性规定之外，国务院、财政部还针对部分重点行业和专项资金支出做了绩效评价的针对性规定，主要包括农村基础设施项目财政支出、扶贫项目资金、中央对地方专项转移支付、城市管网专项资金、水污染防治专项资金等领域。

经业内人士汇总整理，现有制度框架下财政支出绩效评价实操要点主要包括四方面的内容（见表6-4）。

总之，梳理、总结、研究我国目前已有的财政支出绩效评价政策和制度，对于探索、研究和制定PPP项目绩效评价有着重要意义。究其原因，PPP项目涉及的相关财政支出责任不能脱离现有的财政预算体系，需要统筹纳入全口径财政预算管理。从实践操作来看，PPP项目绩效评价不能脱离目前已有的财政预算支出绩效评价基础性框架，也就是说，需要在现有财政支出绩效评价相关规定的基础上，结合不同行业PPP项目的实际需求和特点，有针对性地制定PPP绩效评价办法。

表6-4　现有制度框架下财政支出绩效评价实操要点

序号	类型	主要内容
1	绩效评价的基本内容	绩效目标的设定情况；资金投入和使用情况；为实现绩效目标制定的制度、采取的措施等；绩效目标的实现程度及效果；其他内容。绩效评价一般以预算年度为周期，对跨年度的重大（重点）项目可根据项目或支出完成情况实施阶段性评价
2	绩效评价的程序	通常分为三个阶段，即绩效评价前期准备阶段、实施阶段和绩效评价报告的编制和提交阶段。第一阶段：绩效评价前期准备阶段，包括接受绩效评价主体的委托，签订业务约定书；成立绩效评价工作组；明确绩效评价基本事项；制定绩效评价方案。第二阶段：绩效评价实施阶段，首先，根据项目特点，按照绩效评价方案，通过案卷研究、数据填报、实地调研、座谈会及问卷调查等方法收集相关评价数据；其次，对数据进行甄别、汇总和分析；最后，结合所收集和分析的数据，按绩效评价相关规定及要求运用科学合理的评价方法对项目绩效进行综合评价，对各项指标进行具体计算、分析并给出各指标的评价结果及项目的绩效评价结论。第三阶段：绩效评价报告的编制和提交阶段，一是根据各指标的评价结果及项目的整体评价结论，按绩效评价相关规定及要求编制绩效评价报告；二是与委托方就绩效评价报告进行充分沟通；三是履行评估机构内部审核程序；四是提交绩效评价报告；五是工作底稿归档
3	绩效评价指标体系	一般按照相关性、重要性、可比性、系统性及经济性原则，就项目决策、项目管理、项目绩效（包括产出指标、效果指标和满意度指标）等方面全面设定指标体系。绩效评价指标体系设定应当将定量指标与定性指标相结合，系统反映项目所产生的社会效益、经济效益、环境效益和可持续影响等
4	绩效评价报告	预算支出绩效评价报告的主要内容通常包括：一是项目基本概况，包含项目背景、项目实施情况、资金来源和使用情况、绩效目标及实现程度。二是绩效评价的组织实施情况。包含绩效评价目的、绩效评价实施过程、绩效评价人员构成、数据收集方法、绩效评价的局限性。三是绩效评价指标体系、评价标准和评价方法。包含绩效评价指标体系的设定原则及具体内容、绩效评价的具体标准及评价的具体方法。四是绩效分析及绩效评价结论。包含项目决策、项目管理、项目绩效。项目产出数量、质量、时效是否达到绩效目标，项目产出成本是否按绩效目标控制，项目实施是否产生直接或间接的经济效益、社会效益、环境效益和可持续影响及项目服务对象满意度等。五是主要经验及做法。六是存在问题及原因分析。七是相关建议。八是绩效评价报告使用限制等其他需要说明的问题。九是评估机构签章。十是相关附件

PPP 项目全生命周期绩效管理体制

构建覆盖所有财政性资金，贯穿预算编制、执行、监督全过程的预算绩效管理体系已成为财政改革的重要方向。国家一直在积极探索完善财政支出绩效评价的相关制度和机制，目前已基本形成了具备可操作性的全流程绩效评价制度框架。

就 PPP 而言，研究发现，我国按照 PPP 项目实施情况，采取事前设定绩效目标、事中进行绩效跟踪、事后进行绩效评价的全生命周期绩效管理机制。

1. PPP 项目绩效评价涉及各个阶段

财政部《关于印发政府和社会资本合作模式操作指南（试行）的通知》（财金〔2014〕113 号）规定，将 PPP 项目操作流程分为 5 个阶段 19 个环节，业内称之为"519"。5 个阶段即识别、准备、采购、执行、移交。分析发现，这 5 个阶段均涉及绩效评价事宜。

（1）识别阶段。

政府委托咨询公司开展物有所值（VFM）和财政承受能力论证，并组织各领域专家对两个报告进行打分评审。

（2）准备阶段。

以物有所值、财政承受能力论证为标准对实施方案进行验证，通过验证的，由项目实施机构报政府审核；未通过验证的，可在实施方案调整后重新验证；经重新验证仍不能通过的，不再采用政府和社会资本合作模式。

（3）采购阶段。

按照财政部《关于印发政府和社会资本合作模式操作指南（试行）的通知》（财金〔2014〕113 号），规范政府和社会资本合作模式（PPP）项目识别、准备、采购、执行、移交各环节操作流程，并对 PPP 项目采购方式做出详细规定，应按照《中华人民共和国政府采购法》及相关规章制度执行，采购方式包括公开招标、竞争性谈判、邀请招标、竞争性磋商和单一来源采购。项目实施机构应根据项目采购需求特点，依法选择适当采购方式。项目采取招标方式采购的，以资格预审验证社会资本参与度，项目必须有 3 家以上的社会资本通过资格预审。否则，项目实施机构应调整实施方案。

（4）执行阶段。

开展绩效监测，将政府付费、使用者付费与绩效评价挂钩，并将绩效评价结果作为调价的重要依据，确保实现公共利益最大化。

（5）移交阶段。

项目移交后要进行绩效评价，对项目的产出、成本效益、监管成效、可持续性、政府和社会资本合作模式应用等进行绩效评价，评价结果作为政府开展政府和社会资本合作管理工作决策参考依据。

按照财政部 PPP 操作流程 5 个阶段划分，每个阶段均涉及绩效评价，与国务院的分类标准进行对应，可以将识别和准备阶段的评价对应为事前评价，采购阶段和执行阶段的评价对应为事中评价，移交阶段的评价对应为事后评价。

此外，根据《国家发改委关于开展政府和社会资本合作的指导意见》（发改投资〔2014〕2724 号）文件规定，在项目实施过程中，加强工程质量、运营标准的全程监督：一是对公共产品和服务的数量进行评价；二是对公共产品和服务的质量进行评价；三是对项目资金使用效率进行评价。上述评价结果作为价费标准、财政补贴以及合作期限等调整的参考依据。项目结束后，对项目的成本效益、公众满意度、可持续性进行后评价，评价结果作为完善 PPP 模式制度体系的参考依据（见图 6-1）。

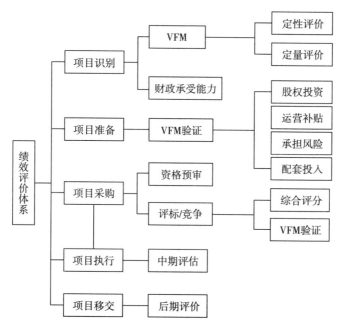

图 6-1 PPP 项目全生命周期绩效评价体系

2. PPP 项目分段式绩效评价

PPP 项目合作周期长，财政部文件规定，政府和社会资本合作期限原则上不低于 10 年，"运用 BOT、TOT、ROT 模式的政府和社会资本合作项目的合同期限一般为 20～30 年"。国家发改委文件规定，"基础设施和公用事业特许经营期限应当根据行业特点、所提供公共产品或服务需求、项目生命周期、投资回收期等综合因素确定，最长不超过 30 年"。而从项目全过程阶段来看，PPP 项目具体分为立项阶段、招投标阶段、特许权授予阶段、设计施工阶段、项目运营阶段和移交阶段，这六个阶段构成了项目完整的寿命周期。每个阶段项目的监控关切点不同，项目绩效考核指标体系也应该有所区别。

专家建议认为，对于 PPP 项目绩效评价，可以分为两阶段进行：一是项目建设完成后进行项目的前中期绩效评价，主要针对项目前期立项、设计、招标及施工阶段指标的评价。通过此阶段绩效评价，可以在项目运营阶段做出控制运营成本、改革管理方法、调整设备维护期等措施，从而有效提升项目运营阶段的品质。二是项目运营期后的移交阶段绩效评价。一方面可考核社会资本或项目公司在项目运营期的管理及运营质量；另一方面将政府回收项目时遗留的风险降到最低，减少政府移交后的运营负担。

3. PPP 项目绩效考核结果与全生命周期评价的关系

如何看待 PPP 项目绩效考核结果，一种观点认为，绩效考核结果只是作为付费公式测算结果的调整系数，即只是一个简单的"扣费机制"。具体来说，绩效考核结果出来后，先按原先设计好的公式计算付费金额：如果 PPP 项目绩效考核达标，则政府支付相应的费用或补贴。反之，如果 PPP 项目绩效考核结果不达标，就按照 PPP 合同约定和绩效考核指标进行相应扣减。

另一种观点认为，绩效考核结果不仅是政府付费调价的依据，而且是 PPP 项目全生命周期评价的一部分。究其原因，主要是随着时间的推移，PPP 项目所面临的风险因素也在不断地发生变化，所谓世易时移，新情况、新问题不断出现，这无疑给 PPP 项目的绩效管理带来新的挑战。因此，需要将绩效考核纳入 PPP 项目全生命周期风险管控之中，按年、季度甚至月度进行"体检"，遇到风险发出预警信号、提出建设性的优化建议，实现 PPP 项目全生命周期的持续考核与不断改进。

笔者认为，无论是从国家大力推广 PPP 的初衷还是 PPP 要求持续稳妥的发展来看，PPP 绩效考核是一种重要的方式。事实上，近一两年国家规范 PPP 的发展，方面是严格要求绩效考核。可以说，PPP 项目绩效考核与政府付费和可行性缺口补贴密切相关，与政府付费直接挂钩。另一方面是 PPP 项目要求全生命周期管理，作为 PPP 项目管理的一个重要组成部分，绩效考核的结果是 PPP 项目全生命周期评价的一部分。

PPP 项目绩效评价：基于平衡计分卡

目前，国内对于 PPP 项目没有构建出一个完整的绩效评价体系。如上所述，在业已存在的传统公共项目绩效评价方法中，有成本—效益法、综合评价法、平衡计分卡法、数据包络分析法等。综合而言，平衡计分卡的设计内涵与公共项目的绩效评价基本一致。平衡计分卡引入的是一般思路，即在 PPP 项目中设置主要绩效指标，进而形成一整套的绩效评价体系。

1. 平衡计分卡概述

据了解，哈佛大学教授罗伯特·卡普兰和波士顿公司管理咨询师戴维·诺顿在 20 世纪 90 年代开发完成了平衡计分卡。由于其提出了项目战略目标分解为具体的相互平衡的绩效考核指标，并基于这些指标建立了操作性较强的考核评价体系，因此在企业财务管理、政府运行效率等诸多涉及绩效评估的领域，平衡计分卡都被广泛加以应用。

平衡计分卡的优点明显，传统绩效评估模式主要使用财务指标，但平衡计分卡改变了单一使用财务指标衡量组织绩效的传统绩效评估模式，而是将顾客因素、内部流程、组织学习与成长等未来驱动因素引入其中，为组织提供了一种更加全面且多元的评估体系，且该方法高度重视组织战略目标的一致性，主要包括财务维度、顾客维度、内部流程维度、学习与成长维度。

换句话说，平衡计分卡最初作为"突破财务指标考核局限性"的绩效评价工具被提出：以企业战略为导向，通过财务、顾客、内部经营流程、学习与成长、政策与环境五个维度及其业绩指标的因果关系，全面评价企业绩效。平衡计分卡主要包括了五个层面的设计，五个层面分别代表股东、顾客与员工这三方利益（见图 6 - 2）。

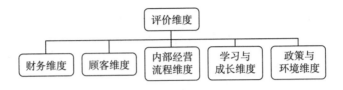

图 6 - 2   平衡计分卡五个层面设计

平衡计分卡法在企业绩效评价中已经成熟运用，但在公共项目绩效评价中的运用还有待深入。

鉴于 PPP 项目绩效评价现状，可以将平衡计分卡体系运用到 PPP 项目绩效评价中，以相对独立第三方为评价主体，相对独立的第三方为评价主体，建立以财务能力、顾客维度、内部经营流程、学习与成长和政策与环境的平衡计分卡五个维度，完善 PPP 项目绩效评价体系建设。这种评价方法综合考虑了各方利益，能将 PPP 模式"共赢"的思想体现出来，为 PPP 项目执行过程中绩效评价的有效实现提供了思路与方法。

2. 运用平衡计分卡进行 PPP 项目绩效评价指标设计

基于平衡计分卡的理念、方法与 PPP 项目绩效评价的高度一致性，在 PPP 项目绩效评价日益受到重视的当下，运用平衡计分卡进行 PPP 项目绩效评价指标设计成为一种现实的考虑：一是财务能力评价，在 PPP 项目中，要求项目公司或社会资本具备相应的财务运作能力，同时项目在市场上有良好的表现，从而给项目公司或社会资本带来丰厚的报酬，涉及的指标应包括良好的盈利能力、不断增长的市场开发能力、合理的财务分析与运营、项目公司所有股东的财务能力、较低的融资与财务费用等。二是各利益相关方满意度，公共部门、社会资本、社会公众作为 PPP 项目的利益相关方，用相关的指标来体现三方的满意度。三是项目内部控制管理，项目公司或社会资本应具备一定的管理能力，对项目成本、进度、质量、安全等方面有效控制。四是创新与成长性，主要指标如 PPP 项目执行过程中政府和社会资本科研与开发的投入水平，项目公司或社会资本的财务与融资创新能力、政府与社会资本双方是否愿意继续合作等（见表 6 - 5）。

表 6-5 PPP 项目绩效评价指标设计

评价维度	评价指标	利益方/责任方
财务能力评价	VFM 值	公共部门
	投资效率	公共部门
	监督管理费用	公共部门
	良好的运营能力	私营部门
	良好的盈利能力	私营部门
	稳健的偿债能力	私营部门
	不断增长的市场开发能力	私营部门
	项目公司所有股东的财务能力	私营部门
	较低的融资与财务费用	私营部门
	合理的收益率	私营部门
利益方满意度	政府部门满意度	私营部门
	私营部门合理利润	私营部门
	社会公众产品服务满意度	私营部门
	项目实施对社会公众的干扰度	私营部门
	项目公司内部良好的团队氛围	私营部门
	分包商与供应商的和谐关系	私营部门
项目内部控制管理	成本预测及控制	私营部门
	进度预测及管理	私营部门
	质量控制管理	私营部门
	安全措施与管理	私营部门
	采用先进的技术设备	私营部门
	高效率的资源利用	私营部门
	政府监管到位程度	公共部门
	产品、服务质量监督	公共部门
创新与成长性	科研与开发的投入水平	公共部门
	财务与融资创新能力	私营部门
	双方继续合作意愿	公共部门
	提高社会公众生活质量	公共部门
	环境可持续发展影响	公共部门
	经济增长影响	公共部门

总的来说，运用平衡计分卡进行 PPP 项目绩效评价指标设计，综合考虑了政府、社会资本、公众各方利益，充分体现了多方"共赢"的思想，为 PPP 项目执行过程中绩效评价的有效实施提供了新思路与新方法，值得各方借鉴。

PPP 项目物有所值评价

所谓物有所值（Value for Money，VFM），是指一个组织运用其可利用资源所能获得的长期最大利益①。

据了解，为了遏制地方政府不顾实际快速上马 PPP 的冲动、有效杜绝造假现象的发生，2014 年 11 月，财政部下发《PPP 模式操作指南（试行）》，指出一个完整的 PPP 项目流程可以分为项目的识别、准备、采购、执行、移交五个环节，其中在项目识别环节，将进行物有所值和财政承受能力评价，前者考察的是"该不该做"的问题，而后者考察的是"能不能做"的问题。财政部还根据《中华人民共和国预算法》《中华人民共和国政府采购法》《关于推广运用政府和社会资本合作模式有关问题的通知》《关于印发政府和社会资本合作模式操作指南（试行）的通知》等法律和规范性文件，明确提出要科学规范地对 PPP 项目进行物有所值评价。

2015 年上半年财政部开始修订《PPP 项目物有所值指引（征求意见稿）》，2015 年 12 月 18 日，财政部印发《PPP 物有所值评价指引（试行）》的通知（财金〔2015〕167 号），《指引》要求，中华人民共和国境内拟采用 PPP 模式实施的项目，应在项目识别或准备阶段开展物有所值评价。"物有所值评价包括定性评价和定量评价。现阶段以定性评价为主，鼓励开展定量评价。定量评价可作为项目全生命周期内风险分配、成本测算和数据收集的重要手段，以及项目决策和绩效评价的参考依据。"

【案例 6-2】

某县河道综合治理 PPP 项目（以下简称"本项目"）物有所值评价

一、项目基本情况

本项目为新建项目，全长约 7km，建设内容主要包含水利工程、园林景观

---

① 物有所值评价是国际上普遍采用的一种评价，传统上由政府提供的公共产品和服务是否可运用政府和社会资本合作模式的评估体系，旨在实现公共资源配置利用效率最优化。

工程、市政工程等。项目运作模式为BOT（建设—运营—移交）。本项目采取"可行性缺口补贴"回报机制。按照"基于可用性的绩效合同"模式，由政府向项目公司购买项目可用性（符合验收标准的公共资产）以及为维持项目可用性所需的运营维护服务（符合绩效要求的公共服务），即政府方依据绩效考核结果向社会资本方支付可行性缺口补贴，包括可用性服务费和运维绩效服务费。

二、物有所值定性评价

本项目定性评价指标体系包括基本评价指标和补充评价指标。其中基本评价指标分为七项，包括全生命周期整合潜力、风险识别与分配、绩效导向、潜在竞争程度、鼓励创新、政府机构能力、融资可行性。附加指标包括项目规模、全生命周期成本估计的准确性、政府采购政策的落实潜力（见表6-6和表6-7）。

表6-6　PPP项目物有所值定性分析专家意见表

	指标	专家意见
基本指标	①全生命周期整合潜力	
	②风险识别与分配	
	③绩效导向	
	④潜在竞争程度	
	⑤鼓励创新	
	⑥政府机构能力	
	⑦融资可行性	
附加指标	①项目规模	
	②全生命周期成本估计的准确性	
	③政府采购政策的落实潜力	
综合意见		

表 6 - 7　PPP 项目物有所值定性分析专家评分表

	指标	权重（%）	评分
基本指标	①全生命周期整合潜力	15	
	②风险识别与分配	15	
	③绩效导向	15	
	④潜在竞争程度	15	
	⑤鼓励创新	5	
	⑥政府机构能力	5	
	⑦融资可行性	10	
	基本指标小计	80	
附加指标	①项目规模	7	
	②全生命周期成本估计的准确性	7	
	③政府采购政策的落实潜力	6	
	附加指标小计	20	
合计		100	

PPP 项目绩效考核评价建议

为了科学地推广 PPP，发挥 PPP 项目绩效评价的作用，需要重点考虑以下几方面内容。

1. PPP 项目关键绩效指标应当全面反映 PPP 项目在各个不同阶段的绩效变化

所谓绩效是成绩与成效的综合，是在一定时期内的工作行为、方式、结果及其产生的客观影响。就 PPP 项目而言，绩效具体表现为项目的产出结果、质量、成本费用、经济效益和社会效益等。在 PPP 项目的全生命周期中，项目的绩效将受多种主客观因素的影响，或因为项目的不同风险导致绩效在不同的年份有明显的不同。特定的 PPP 项目，一些因素在项目初期已经被合作各方预期，但也会随着项目的进程而发生变化，甚至发生根本性的变化（比如明显的税收、利率、汇率以及不可抗力等）。即便如此，PPP 项目的关键绩效指标应当全面反映 PPP 项目在各个不同阶段的绩效变化，并能适应不同利益相关者的需求。

2. PPP 项目绩效评价应遵循"共性"和"个性"的思路

业内普遍认为，评价 PPP 项目应遵循"共性"和"个性"的思路。究其原因，主要是 PPP 模式涉及行业众多，达 19 个行业，且我国经济发展不平衡，各地推广 PPP 项目存在很大的经济、社会和地理差异。同一行业、同一投资规模、同一技术原理的 PPP 项目，在经济发达的东部地区社会资本的投资风险更小，而在经济欠发达的中西部地区，社会资本的投资风险更大，当然绩效考核也应该有所不同。如果采取单一、统一的绩效评价，则很难达到绩效评价的效果。因此，要在整体把握"共性"评价的基础上突出各地区、各项目的具体的"个性"评价，这就需要一种能够综合考量各方因素的评价指标体系。

3. 将绩效付费机制纳入实施方案和合同审查

PPP 项目实施方案和合同中必须要有绩效目标和绩效考核体系。将绩效付费机制设置情况纳入实施方案和合同审查，既有助于防范地方政府利用 PPP 违规举债、落实预算绩效管理的要求，又有利于规避部分 PPP 项目采取固定回报、增加地方政府隐性债务。

此外，PPP 绩效付费要做到公开透明。信息公开是推动全面实施预算绩效管理的强有力抓手，建议依托 PPP 综合信息平台或政府门户网站，推动 PPP 项目绩效与付费挂钩、考核结果信息公开，引入社会监督，激励政府做好预算绩效管理，促进项目各参与方诚实守信、严格履约，推动 PPP 市场健康、规范发展。

4. 健全完善 PPP 项目绩效评价法律体系

专家建议认为，要加快推进公共投资绩效评价的立法，并健全完善 PPP 项目绩效评价的法律条文，通过法律条文明确绩效评价应遵循的基本原则和重要流程，在法律条款中注明相关主体的责权利，并对实施 PPP 项目绩效评价需要遵循的基本思路和重要流程做出明文规定。同时，要加快完善 PPP 项目绩效评价的配套制度，指导 PPP 项目绩效评价的开展，从而实现 PPP 项目绩效评价跟踪问效的作用。例如设立 PPP 项目独立评价机构，可设立独立于财政部门和发改委，由中央或地方政府垂直管理（或委托社会机构直接管理，政府负责监督）的第三方专业机构，并配备专业人员和行业专家。

5. 加强 PPP 项目绩效评价机制研究

实践发现，政府、社会资本、金融机构以及社会公众非常重视 PPP 项目稳妥推进，同时对 PPP 项目的绩效评价也保持高度关注。更重要的是，政府、业内专业机构、学术团体、专家学者等对如何科学地建立 PPP 项目绩效评价机制大胆探索、出谋划策，如财政部、国家发改委等国家相关部委和地方政府在 PPP 法规政策文件中都对绩效评价提出了相关要求，目的是从顶层设计方面科学推进 PPP 项目的落地、加强 PPP 项目的管理。与此同时，业内专业机构、学术团体、专家学者也对 PPP 项目绩效评价进行了大量深入的研究，例如 PPP 项目绩效评价指标设置、考核方法、按效付费机制设计、绩效评价实施和管理模式等。

案例：福建省泉州市公共文化中心 PPP 项目绩效评价

一、项目概况

（一）项目单位基本情况

福建省泉州市公共文化中心投资运营有限公司成立于 2015 年 8 月，注册资金 1 亿元。公司由泉州市国有资产投资经营公司（股比 60%）、福建省第五建筑工程公司（股比 30%）、泉州中侨（集团）股份有限公司（股比 5%）、泉州源和创意产业园运营有限责任公司（股比 5%）共同出资组建。公司经营范围：泉州市公共文化中心项目的投资、工程建设、工程项目管理、物业管理；组织策划文化活动等业务；法律、法规及国务院决定未禁止且未规定许可的行业及项目自主选择。

（二）项目绩效目标情况

1. 项目的基本情况

泉州市公共文化中心 PPP 项目立项依据：泉发改审〔2015〕62 号文件。项目用地面积约 12.96 公顷（约 194.4 亩），总建筑面积约 32.68 万平方米，建设内容：科技与规划馆、工人文化宫、大剧院、图书馆四个场馆和位于中央的市民广场（含商业配套）。项目用途：完善城市功能、落实文化惠民、壮大文化产业、拓展文化交流，展示泉州古城多元文化魅力、推动文化传承保护和繁荣发展。

2. 项目申报的可行性、必要性及其论证过程

（1）项目可行性及必要性。推动文化繁荣、打造精神家园，保护延续城市文脉的需要；弘扬闽南文化、复兴古城文化，提升城市文化内涵的需要；助推产

业转型、优化产业结构，实现城市功能升级的需要；响应国家号召、建设文化名市，增强城市文化影响力的需要；推动文化兴市战略、落实文化惠民，强化文化服务水平的需要；突破设施发展瓶颈、增强场馆能级，满足市民文化消费的需要；提高土地使用效率、调整城市结构，改善城市人文环境的需要。

（2）项目论证过程。项目规划建设方案和投资建设模式经过市委常委会、市政府常务会等有关会议研究通过；项目可行性研究报告通过市发改委审批；项目物有所值评估报告和财政承受能力论证报告通过有关部门及专家评审。

3. 项目绩效总目标及阶段性目标情况

项目预期投资估算约34.52亿元。项目建设后，四个文化场馆（建筑面积约15.5万平方米）无偿提供给政府使用单位开展公共业务。项目规划的地下商业（建筑面积5.45万平方米）、停车位（1917个）、广场商演、广告预计每年经营收入2600万~4400万元。项目社会效益：培育文化市场，增强城市文化产业竞争力；丰富泉州文化产品，陶冶人民群众高尚文化情操；改善泉州城市形象，提升城市文化品位和旅游层次。

二、项目评价工作情况

（一）选用的评价指标和评价方法

项目选用因素分析法的评价方法。评价指标包括：绩效目标管理情况、组织管理情况、资金管理情况、项目产出与效果情况。

（二）现场勘验、检查、核实的情况

经现场勘验、检查、核实，该项目各项考核指标均符合要求，各项指标评价分值较高，评价等级为优秀。

三、项目实施基本情况

（一）项目的组织管理情况

（1）该项目按时开工建设，项目进展按计划目标顺利推进，能够通过采用新型施工技术、应用新型材料加快工程进度、保证工程质量。

（2）项目相关管理制度健全并落实到位，项目资料齐全并及时归档。项目承担单位的人员配备合理，设备、信息等支撑条件保障好。

（二）项目财务管理状况

项目资金能够按期足额到位；资金支出按计划安排支付；资金使用符合国家

财经法规和财务管理制度以及有关专项资金管理办法等；会计核算资料完整且入账及时。

（三）主要经济社会效益、环境影响、可持续影响等情况

1. 经济社会效益方面

项目建设推动周边片区经济发展，项目建设过程中，在管理岗位上提供就业超过 100 个，工人岗位 500 个以上。项目建成后在提供公共文化服务的同时，进一步完善区域公共配套，拉动区域经济增长，将提供更多的就业岗位。

2. 环境影响方面

项目建设提高了城市人文环境。

3. 可持续影响方面

项目建设对经济社会效益、人文环境、城市文化品位将具有持续的良性影响。

四、项目绩效目标分析

（一）项目绩效目标完成情况

项目各项绩效目标完成情况良好。

（二）项目绩效分析

包括指标定量分析和定性分析，详细说明项目支出后实际状况与申报绩效目标的对比分析、主要的政治、经济和社会效益具体体现以及对环境影响和对社会的持续影响等。

（三）项目实施的经验、存在的问题和改进措施

1. 项目实施的经验

一是注重策划论证；二是注重协同协作；三是注重专业服务；四是规范管理；五是制度落实。

2. 存在的问题

由于项目公司在资金的管理中比较注重实际需求以及成本控制，各股东资本金的注入（项目投资额 30%）、项目贷款也是依据项目的进度按需提用，项目预算的计算是以合同为依据（存在完成量，提款日期的偏差），导致实际支出与项目预算支出有较大差异。偏差在第二个预算年度进行调整。

3. 改进措施

（1）项目公司根据预算年度的实际投资情况，及时（预算年度的第四季度）

与实施机构沟通协调，及时调整偏差。

（2）在合同规定范围内，及时支付相关费用（比如社会资本的自有资金收益）。

（四）其他需要说明的问题

由于项目前期投资建设过程中，项目概算和预算同步处于编制审核中，为加快项目投资建设，项目前期投融资暂按设计估算进行计划，与今后实际概预算造价可能存在一定偏差，在资金预算、使用计划与实际投资方面也相应会存在一定的偏差。项目概预算批复后，将对项目资金预算和使用计划进行及时调整。

五、下一步改进工作的意见和建议

（一）加强本部门项目组织和财政管理

在项目组织方面，将继续加强项目建设进度、工程安全质量管控、成本控制，及时协调项目建设有关问题。在财政管理方面，加强项目投资计划控制，按规定申报和使用财政补贴，确保资金使用效率和规范管理。

（二）加强本部门预算绩效管理

后续将继续加强项目年度资金使用预算计划，按照预算绩效考评体系进行定期评价，及时纠正预算与实际资金使用的偏差。

资料来源：http://www.qzjsj.gov.cn/E907D732DBF67B3B048CF92A6BC619A0/2017 – 07 – 31/27AF1C3FBC320586F51B9D21A563ED67.htm.

第七章　PPP 项目绩效考核实践

养老 PPP 项目的绩效考核

目前，我国已经进入老龄化社会。什么是老龄化社会的标准？按照联合国的传统标准，指一个地区 60 岁以上老人达到总人口的 10%，新标准是 65 岁老人占总人口的 7%。先从一组静态数据看我国的老龄化现状，根据国家统计局发布的《2014 年国民经济和社会发展统计公报》，2014 年我国人口 13.67 亿中，60 岁及以上的老人 2.12 亿人，占总人口比例为 15.5%；65 岁及以上人口数为 1.37 亿人，占比 10.1%。2015 年底全国 60 周岁以上老年人口达 2.22 亿人，占总人口的 16.1%。① 65 周岁以上人口达 1.44 亿，占总人口的 10.5%。因此，无论是 60 岁以上老年人口占总人口的比例，还是 65 岁以上老年人口占总人口的比例，我国都双双"达标"，进入老龄化社会。再从一组动态数据看我国老龄化现状，65 岁以上人口占总人口的比重来看，1982 年为 4.9%，1990 年为 5.6%，2000 年为 7.1%，2010 年为 8.9%，2014 年为 10.1%，2015 年为 10.5%。按上述国际标准，以 2000 年为分界线，我国正式进入老龄化社会，而从这十几年的发展历程来看，我国的老龄化正呈加速上升趋势。而按照人口老龄化程度划分，65 岁以上人口如果达到 14%，为深度老龄化社会。如果达到 20%，则为超级老龄化。国家统计局统计公报数据显示：从 1995 年到 2035 年，短短的 45 年时间，我国就跨越非老龄化、老龄化、深度老龄化各个阶段，最后直接进入超级老龄化社

---

① 根据国家卫计委 2017 年的一项数据，到 2020 年，我国 60 岁及以上老年人口将达 2.55 亿，占总人口的 17.8% 左右。

会。据世界卫生组织预测，到 2050 年，我国将有 35% 的人口超过 60 岁，成为世界上老龄化最严重的国家。

1. 我国养老服务行业现状

我国老龄化现象日趋严峻，显然，急需专业的养老机构提供大量的养老服务。然而，现实的问题是，目前我国养老机构和服务人员供需差异大，养老服务成为养老产业发展的一个明显短板，主要表现在以下几个方面：一是养老机构床位缺口大，据民政部统计，目前全国各类养老服务机构和设施不足 10 万个。① 在养老床位方面，我国养老机构各类养老床位近 580 万张，每千名老年人拥有养老床位只有 27.2 张，远低于发达国家 50 ~ 70 张的水平，也远低于根据"9073"养老模式（即 90% 老年人居家养老，7% 老年人社区养老，3% 老年人机构养老）测算出来的养老床位需求量。二是养老服务专业人才缺口大，尤其是专业性的居家护理服务人才缺口极大。三是养老服务人员严重不足，普华永道预测，我国养老院床位的需求量将从 2015 年的 659 万个增至 2025 年的 1285 万个。参照 3 个老年人需配备一个护理员的国际标准，我国养老服务从业人员严重不足。

2. 利用 PPP 模式发展养老服务业

（1）人们居家养老的观念正在逐步改变。

随着人们生活水平的提高，人们居家养老的观念正在逐步改变，取而代之的则是"社区养老""机构养老"的观念，老年人对养老机构的需求持续增长。然而现实情况是我国养老机构和养老资金都出现短缺，地方政府财政压力大，单纯依靠公共财政无法满足老年人对养老服务的现实需求，需要以新的投融资模式，引进社会资本投资建设养老服务机构，增加养老公共服务供给。换句话说，为解决我国养老供应量的严重不足和政府财政资金困难，地方政府以 PPP 模式引进社会资本成为现实的选择。

（2）PPP 模式适合养老项目。

面对我国严峻的养老问题，必须以市场化方式扩大养老服务供给、提升养老服务质量和降低养老服务价格。通过发挥社会资本在资金、技术、管理、服务等方面的优势，增加养老设施的供给，能起到多方面的作用：一是缓解地方政府的财政压力；二是为社会资本提供投资新机遇；三是合理控制养老服务价格；四是

---

① 其中养老服务机构 3 万余个，社区养老服务机构和设施近 2 万个，互助型养老设施 4 万多个，军队离退休干部休养所近 2000 个。

为老年人提供优质的养老服务。

3. 推广养老 PPP 的现实之困

虽然养老服务需求旺盛，但行业本身发展并不快，突出的表现是养老机构大多数不盈利甚至亏损。调研发现，目前在我国各类 PPP 项目中，养老 PPP 项目数量较少、签约率较低。究其原因，主要是我国养老 PPP 存在现实困难，比如合作模式较为单一，社会资本资金压力大，项目效果不明显，营利性不足①，回报机制不科学②，收费机制复杂等。

以养老 PPP 项目收费机制为例。通常情况下，PPP 项目有一个相对明确的收费机制，包括价格标准（由政府和社会资本共同商定，有时还需要符合价格听证会制度）和调价机制（一般以三年为一个调价周期），且在 PPP 合同中体现。但养老 PPP 项目情况较为特殊，收费机制较为复杂，即使是同一家养老机构，在提供的服务类型和服务等级不同的情况下，服务收费差异也会比较大。此外，养老 PPP 项目有不同的收费方式，比如月付制、年付制，还有会员制等，而不同的收费标准和收费方式对社会资本的投资回报率和投资回报周期都有着较大的影响。

4. 政府监管和绩效考核难度大

（1）政府监管难度大。

PPP 模式下，政府的角色多元：一是 PPP 政策制定者，包括 PPP 的操作流程、交易规则、税收政策等。二是 PPP 项目利益协调者，在 PPP 项目合作中，政府与社会资本利益诉求并不相同，最突出的表现是政府追求公共利益最大化，而社会资本追求商业利益最大化。因此，政府需要强化公共利益约束，防止社会资本以侵害公共利益实现自身利益最大化。三是 PPP 项目的监管者，政府需要优化 PPP 项目外部约束机制，防止社会资本出现道德风险。需要重点指出的是，政府作为项目的监管者，重要的职能是加强对 PPP 项目建设和运营的绩效考核，通过对项目的绩效评价，不断纠正项目在建设和运营过程中出现的偏差，促使项目保持科学、有效地运行。

然而，与污水处理、垃圾处理、河道治理等 PPP 项目相比，养老 PPP 项目

---

① 根据中国老龄科学研究中心发布的数据，全国养老机构空置率高达 48%，在被访养老机构中，有利润盈余的养老机构比例为 19.4%，32.5% 的机构亏损，48.1% 的机构基本持平。

② 数据显示，养老 PPP 项目使用者付费项目占比高达 81%，"使用者付费 + 可行性缺口补贴"的项目只占 16%。养老 PPP 项目采取"使用者付费"的模式，对于社会资本来说，意味着非常大的运营风险，如果完全依靠向老年人收费，在运营上不具有持续性。

政府监管难度更大，究其原因，主要是养老机构偏重于硬件设施，容易忽视养老服务标准，而且很难制定出行之有效的方法来提高养老服务质量。

（2）绩效考核难度大。

PPP 项目的回报机制有三种，如果一个养老 PPP 项目采取"使用者付费＋可行性缺口补贴"或政府完全付费的回报机制，那么就涉及政府财政资金支出的问题。

进一步而言，政府付费是以社会资本提供的服务质量为对价支付的。地方政府需要对社会资本提供的服务进行绩效考核，且以绩效考核结果为支付依据。然而，作为一种公共服务项目，养老 PPP 项目的绩效考核存在很大难度，一个关键因素是很难对具体的服务标准进行量化，人为和主观因素较大。

2016 年 7 月初，民政部、国家发改委正式印发《民政事业发展第十三个五年规划》的通知（民发〔2016〕107 号），制定政府购买养老服务指导性目录，建立健全由购买主体、养老服务对象以及第三方组成的综合评审机制，加强购买养老服务项目绩效评价。将政府购买服务与满足老年人基本养老服务需求相结合，优先保障经济困难的孤寡、失能、高龄等老年人服务需求，逐步拓展政府购买养老服务的领域和范围。

5. 养老 PPP 项目绩效考核案例

实践发现，在养老 PPP 项目的推广过程中，业内不断对养老 PPP 项目的绩效考核进行探索，且取得了不错的成果。如某养老社会福利中心 PPP 项目，社会资本提供的服务包括院区建筑及服务设施使用和维护管理、承担政府面向城市特困、农村五保、城市低收入、高龄、失能、失智、孤寡老人提供养老服务保障，承担本行政区域内养老机构的示范引领、功能试验、专业培训、品牌推广的职能，提供"医养结合"医疗、护理、康复等养老增值服务等。

地方政府负责对社会资本经营管理期间与养老床位和服务等收费相关的财务收支状况、收费标准调整、老年人入院押金管理等进行监管，地方政府负责每年×月×日至×日委托专业会计师事务所对社会资本经营管理期间固定资产维护情况、运营财务状况和老年人入住押金专门账户、管理发展资金等实施监管核查审计，并委托第三方监督评估机构根据服务内容、服务标准、评估标准和评估办法对养老机构服务管理实施绩效考核和督导评价，反馈评价意见并提出改进措施，评估结果决定社会资本取得管理费的比例、享受床位费补贴的比例，以及是否继续运行该机构。

【案例 7 - 1】

某居家养老服务中心 PPP 项目

一、项目基本概况

自 21 世纪以来，某市某区老年人口数量快速增长。截至×××年底，某区人口超过×万人，其中 60 岁以上老年人占总人口数比例超过 18%，老年人口每年增长速度高达 5% ~6%。总的来说，某区老年人及养老情况特点为：一是人口基数大，二是高龄老人比例高，三是空巢老人逐年增多，四是家庭养老功能不足。从完善政府社会公共服务的角度讲，某区亟待发展养老服务事业。在此背景下，某市某区启动某居家养老服务中心 PPP 项目（以下简称"本项目"），通过引入社会资本投资建设和运营管理某区×个居家养老服务中心网点，为某区×万名 60 岁以上老年人提供居家养老服务。本项目总建筑面积约×万平方米，总投资约×亿元，其中新建服务中心网点由社会资本方负责，改扩建内容由政府方负责。本项目合作期限为×年（含建设期）。

本项目以新组建的 SPV 项目公司为主体、社区（村）居家养老服务中心网点为纽带，满足老年人各种服务需求的信息化、智能化居家养老服务。具体来说：为老年人提供居家养老便捷服务，比如老年供餐、日间照料、老年活动中心等形式多样的养老服务项目；上门为居家老年人提供助餐、助浴、助洁、助急、助医等规范化、个性化定制服务；提供老年人文体娱乐服务，开展适合老年人的群众性文化体育娱乐活动；提供智慧养老服务，通过某区"智慧社区"养老服务平台，提供紧急呼叫、家政预约、健康咨询、法律服务、物品代购、服务缴费等智慧养老服务。

二、项目回报机制

SPV 项目公司投资回报主要由三种方式组成。

（1）使用者付费部分。

由 SPV 项目公司为老年人提供日常生活照料、精神慰藉服务和家政等有偿服务。使用者付费标准和方法根据市场定价，主要采取政府指导与市场调节相结合的定价机制，收费标准参照行业平均水平或略低于行业平均水平。

（2）政府付费部分。

本项目政府付费部分主要包含两部分：一是政府固定补助，在本项目合作期限内，项目公司根据《某市人民政府关于加快发展养老服务业的实施意见》，获得按照政府批准的固定补助；政府民生补助，在本项目合作期限内，具有某区户籍且在本市区内居住的年满60周岁的"三无"或低保老人，可享受政府购买的×元/月的居家养老服务护理补贴；评估为中度失能以上的老人，可以享受×元/月的居家养老服务护理补贴；空巢、独居的老人可享受政府购买的×元/年爱心慰问服务。

（3）可行性缺口补助。

本项目按照风险分配机制对项目公司风险超过上限的启动补贴或调节/调价机制，由政府给予项目公司一定的经济补助，以弥补使用者付费之外的缺口。

此外，项目公司在分配当年税后利润时，应当提取利润的×%作为公司法定公积金。公司法定公积金累计额达到公司注册资本×%以上时可以不再提取。公司弥补亏损和提取公积金后所余税后利润由股东按照各自持有的实缴股权比例分配。

三、绩效考评

本项目根据实际情况和财务测算，采取"使用者付费＋政府可行性缺口补助"的回报机制，社会资本既能够实现合理的回报，又降低了投资风险。

在绩效考评方面，作为有财政补贴的PPP项目，在保障社会资本投资回报的同时，设置了严谨的绩效考评机制，以确保公共利益最大化：一是SPV项目公司需要提供相应服务才可获得政府民生补助；二是编制了《项目绩效考核指标及相关考核表》，每年1月和7月，政府依据"考核表"组织民政等相关职能部门对项目进行考核，考核通过后SPV项目公司可获得全额补助资金，第一次考核不通过，项目公司需进行整改。如果第二次考核不通过，政府有权自行或委托第三方进行必要的整改，整改等一切费用由SPV项目公司承担，并相应减扣补助金额。

垃圾处理 PPP 项目绩效考核

随着我国经济社会的快速发展，城镇化建设不断加速①，城市生活垃圾数量持续增长。

公开数据显示，2000 ~ 2009 年，我国城市生活垃圾清运量年增长率为 4.9%。环卫科技网根据《中国城市建设统计年鉴 2017》对全国城市生活垃圾清运量进行了统计，年鉴由住房和城乡建设部编制，统计范围涵盖除港、澳、台外的 31 个省、直辖市和自治区，包括县级市在内的 661 个设市城市建成区范围，但不含县、乡镇以及农村地区。年鉴显示，2017 年，全国城市生活垃圾清运量为 19142.17 万吨（约 1.91 亿吨）。全国 600 多座城市中，除县城外已有 2/3 的大中城市陷入垃圾包围之中，"垃圾围城"问题日益凸显，严重影响城市环境，垃圾无害化处理迫在眉睫。目前全世界垃圾年均增长速度为 8.42%，而我国垃圾增长率达到 10% 以上。

1. 垃圾处理市场前景广阔

城市生活垃圾产生量逐年增加，我国垃圾处理市场前景广阔。

由于我国城市基础设施较差，垃圾清运系统发展滞后，大量城市生活垃圾未能进行集中收集、清运和无害化处理，垃圾处理能力缺口日益增大。不仅如此，在城市生活垃圾处理产业链上，向前延伸还有更为巨大的市场如环卫市场，即垃圾处理产业链前端的垃圾清扫、运输环节②。据相关统计，2017 年我国环卫服务市场约 1429 亿元，考虑城镇化水平的提升以及环境质量要求的提高，预计到 2020 年我国环卫服务市场有望达到 1735 亿元，到 2025 年将接近 5000 亿元。

2. 垃圾焚烧发电是未来发展趋势

通常情况下，垃圾处理主要有填埋、堆肥、热解和焚烧四大基本处理技术。

---

① 从 1978 年到 2011 年，我国城镇人口从 1.72 亿增加到 6.9 亿人，城镇化率从 17.92% 提升到 51.27%，但如果按照有城镇户籍的人数，按照政府提供的教育、医疗、社会保障等公共服务水平来说，我国的城镇化率有 35% ~ 36%。按照《国家新型城镇化规划（2014 ~ 2020 年)》的要求，到 2020 年我国城镇化率将提到 60%，将有 1 亿左右农业转移人口和其他常住人口在城镇落户。

② 有数据显示，目前各地政府在收运环节的投入占整个垃圾处理开支的 60% ~ 70%。处理 1 吨垃圾从收集、运输到末端处理，以 400 元费用计算，末端处理只需 100 元，其余 300 元都是清运成本。

相比较而言，垃圾焚烧发电能真正实现无害化、减量化和资源化处理，是治理"垃圾围城"问题的一条重要途径。据介绍，城市生活垃圾发电是近几十年发展起来的新技术，特别是 20 世纪 70 年代以来，由于资源和能源危机的影响，欧美发达国家对垃圾采取了"资源化"方针，垃圾发电站得到迅猛发展。未来我国垃圾处理的趋势将与发达国家一样，焚烧将是我国垃圾处理的主流技术。

专业研究认为，垃圾焚烧发电优势明显：一是节约用地，垃圾焚烧用地仅是垃圾填埋的 1/20 ~ 1/15；二是处理速度快，一般垃圾填埋后要 10 ~ 30 年才能分解，而垃圾焚烧只需 2 小时左右；三是减容效果好，同等量的垃圾，填埋减容 20%，堆肥减容 50%，焚烧可达到 80%；四是污染可控，焚烧产生的污染仅仅是填埋的 1/50；五是能源利用好，大约 10 个人产生的垃圾焚烧发电，可满足 1 个人的日常家庭用电需求；六是资源效益好，我国是世界上的垃圾资源大国，垃圾焚烧发电每年将节省煤炭 5000 万 ~ 6000 万吨。

3. PPP 是垃圾焚烧发电项目的重要模式

如上所述，垃圾焚烧发电将是未来的发展趋势。但一个现实的问题是，垃圾焚烧发电具有投资规模大、技术要求难度高的特点，采取怎样的投融资模式才能更好地实现垃圾焚烧发电呢？

根据 2016 年 10 月财政部印发的《关于在公共服务领域深入推进政府和社会资本合作工作的通知》（财金〔2016〕90 号），通知明确提出深入推进公共服务领域 PPP 的思路，将进一步加大 PPP 模式推广应用力度和财政扶持力度。在中央财政给予支持的公共服务领域，可根据行业特点和成熟度，探索开展两个"强制"试点。在垃圾处理、污水处理等公共服务领域，项目一般有现金流，市场化程度较高，PPP 模式运用较为广泛，操作相对成熟，各地新建项目要"强制"应用 PPP 模式，中央财政将逐步减少并取消专项建设资金补助。

此外，随着近几年我国大力推广 PPP 模式，城市生活垃圾处理项目受到包括央企、地方国企、外资、民企等多方投资主体在内的青睐。就垃圾焚烧发电商业模式而言，PPP 模式将成为主流。例如某大型生活垃圾焚烧发电厂占地约 70 亩，日处理垃圾量 1600 吨，全厂设 2 条处理能力为 800 吨/天的焚烧线，装机容量为 30 兆瓦（2×15 兆瓦），年运行时间按 8000 小时计，设计年发电量 220 兆瓦·时，可服务人口 400 多万。该大型生活垃圾焚烧发电厂项目采取 PPP 模式下的 BOT 方式，使用机械炉排焚烧技术处理地区生活垃圾，同时利用余热转换成蒸汽发电、供热，尾气排放达到国际先进水平，灰渣按照环保规定处理。该垃圾焚烧发电厂项目取得了良好的经济效益和社会效益。事实上，垃圾焚烧发电 PPP 项目已经逐步开始应用，如财政部第二批 PPP 示范项目主要集中在市政、水务、交通等领域。市政领域中，又多以垃圾焚烧发电、城市地下综合管廊等项目为主。

实践发现，在垃圾焚烧发电 PPP 项目建设和运营中，经常出现当地公众出于担心生活环境受到污染、资产价值受到影响而进行阻拦甚至反对的情况，这便是所谓的"邻避效应"①。因此，绩效考核与评价是垃圾焚烧发电 PPP 项目的一个重要内容。

【案例 7-2】

某垃圾焚烧发电项目

某垃圾焚烧发电厂 PPP 项目（以下简称"本项目"）是一项涉及环境保护的城市基础设施建设工程，通过政府与社会资本合作，有效弥补当期财政投入不足，防范和化解政府性债务风险。

在绩效评价指标及体系方面，本项目在 PPP 合同运营绩效的监督制度和行业管理程序方面，建立了一套多层次、严谨的监督评估体系，体现垃圾焚烧发电项目的不同利益方全方位参与，包括政府行政主管部门、公众、专业监督部门的各级别的例行检查监督、最少两年一次的中期评估等。在这些措施中，在线数据系统和向公众公开评估结果的效能比较突出。建立远程数据监控系统，从技术上提供了运营实时动态监管的基础，本项目向公众开发和公布年度评估报告，让不同的利益相关方用不同倍率的望远镜和显微镜观察常规情况下看不清的目标和探讨不易理解的问题。

---

① 邻避效应（Not-In-My-Back-Yard，音译为"邻避"，意为"不要建在我家后院"）指居民或当地单位因担心建设项目（如垃圾场、核电厂、殡仪馆等邻避设施）对身体健康、环境质量和资产价值等带来诸多负面影响，从而激发人们的嫌恶情结，滋生"不要建在我家后院"的心理，及采取的强烈和坚决的、有时高度情绪化的集体反对甚至抗争行为。

田园综合体 PPP 项目绩效考核

实施乡村振兴战略，是党的十九大做出的重大决策部署，是决胜全面建成小康社会、全面建设社会主义现代化国家的重大历史任务，是新时代"三农"工作的总抓手。

2017 年中央一号文件首次提出"田园综合体"是培育新型农业经营主体，促进农村一二三产业融合发展的支撑和主平台。文件对"田园综合体"的表述为：支持有条件的乡村建设以农民合作社为主要载体、让农民充分参与和受益，集循环农业、创意农业、农事体验于一体的田园综合体，通过农业综合开发、农村综合改革转移支付等渠道开展试点示范。田园综合体是集现代农业、休闲旅游、田园社区为一体的综合发展模式，是在城乡一体化格局下，顺应农村供给侧结构改革、新型产业发展，结合农村产权制度改革，实现中国乡村现代化、新型城镇化、社会经济全面发展的一种可持续性模式。从根本上说，田园综合体是一种新型的现代农业发展模式。

1. 田园综合体以现代农业为核心，一二三产业融合发展

田园综合体的核心产业为现代农业，即现代农业是田园综合体可持续发展的核心驱动力。田园综合体产业经济结构多元化，需要将农业从第一产业向第二产业和第三产业延伸，实现一二三产业融合发展，即一二三产业之间相互依存、相互促进，共同助推田园综合体整体进步。

在一定的地域空间内，田园综合体将现代农业生产空间、居民生活空间、游客游憩空间、生态涵养发展空间等功能板块进行组合，并在各部分间建立一种相互依存、相互受益的能动关系，从而形成一个多功能、高效率、复杂而统一的综合体。

2. PPP 模式是推广田园综合体的现实需求

从田园综合体建设、运营的角度而言，PPP 模式应用于田园综合体具有可行性和必要性，有着现实的需求：一是田园综合体投资规模大。田园综合体投资规模大，涉及现代农业建设、各类基础设施和公共项目建设以及拆迁等；二是地方政府财政压力大。虽然我国各级地方政府对建设田园综合体兴趣很大，积极性很

高，但也面临着诸多困难，其中最大的难题便是政府财政压力大，没有足够的财力投资建设田园综合体。

因此，在田园综合体巨大的投资需求面前，目前在我国已经推广四年且取得丰硕成果和成功经验的 PPP 模式，将成为田园综合体建设的有力支持。

3. 国家政策支持以 PPP 模式推进田园综合体建设

近年来，国家在基础设施建设和公共服务领域积极推广运用 PPP 模式，通过市场化机制引入社会力量参与公共服务供给，扩大有效投资，并将农业等经济发展薄弱环节作为推进 PPP 的重点领域，加强政策指导，给予倾斜支持，努力填补农村地区公共服务供给不足的短板。

2017 年 5 月，财政部联合原农业部印发《关于深入推进农业领域政府和社会资本合作的实施意见》（财金〔2017〕50 号），明确将农业绿色发展、高标准农田建设、现代农业产业园、田园综合体、农产品物流与交易平台、"互联网＋"现代农业等作为农业领域推广 PPP 的六大重点领域，提出要优化财政资金投入方式，规范 PPP 项目全过程管理，强化预算安排、公平竞争、信息公开等方面制度保障，创建国家农业 PPP 示范区，探索农业领域推广 PPP 模式的实施路径、成熟模式和长效机制，改善农业公共服务供给，切实推动农业供给侧结构性改革。

2017 年 6 月，财政部、原农业部发布《关于深入推进农业领域政府和社会资本合作的实施意见》（财金〔2017〕50 号），将重点引导和鼓励社会资本参与农业绿色发展、高标准农田建设、现代农业产业园、田园综合体、农产品物流与交易平台、"互联网＋"现代农业六个重点领域，"支持有条件的乡村建设以农民合作社为主要载体、让农民充分参与和受益，集循环农业、创意农业、农事体验于一体的田园综合体"。具体包括"鼓励农民专业合作社等新型农业经营主体参与 PPP 项目""保障各类市场主体平等参与农业 PPP 项目合作，消除本地保护主义和各类隐形门槛""严禁通过政府回购安排、承诺固定回报等方式进行变相举债"等。

4. 田园综合体 PPP 项目绩效考核建议

（1）参考借鉴引用外部考核指标。

在 PPP 项目绩效考核指标体系的设计中，一方面，对于符合 PPP 模式及所实施项目特性的可以借鉴使用；另一方面，如果该行业已经有通用评级体系，且该体系同样适用于实施中的 PPP 项目，则可以考虑将特定评级结果纳入 PPP 项目绩效考核内容。就田园综合体 PPP 项目绩效考核而言，与田园综合体 PPP 项目相关的有《旅游景区质量等级管理办法》（旅办发〔 2012 〕166 号），将旅游景区质量等级从低至高划分为"1A、2A、3A、4A、5A"。因此，田园综合体 PPP 项目可以参考借鉴前述办法。需要指出的是，在实操中尽管这样的设计便捷易行，但在项目运营初期难以实现，尤其是对于一些旅游条件不具优势、先天条件不足的田园综合体 PPP 项目并不适合。

（2）不能生搬硬套，需注重田园综合体行业特性。

田园综合体与特色小镇、园区开发等具有一定的相似之处。以田园综合体与特色小镇为例，二者相似之处主要表现在：二者都是国家战略，是美丽乡村的升级版，从根本上解决农村的生态环境和农业的生产能力，最终提高农民的生活水平；二者都涉及第一、第二、第三产业；二者对核心产业都有严格要求，田园综合体以现代农业、循环农业、创意农业和农事体验为核心，特色小镇以特色产业为核心；二者都要求生产生活生态"三生同步"、一二三产业"三产融合"、产业文旅社区"三位一体"；二者都以吸引城市的资金、技术、人才为目的；二者均参与主体多元，田园综合体需要村民、村集体、开发商、政府、游客等多方主体参与，才能推进田园综合体的建设与运营。同样，特色小镇参与主体多元，主要包括地方政府、社会资本以及金融机构等。

虽然田园综合体与特色小镇、园区开发等有诸多的相似之处，但田园综合体作为一种经济形态，有其自身的特点。因此，在绩效考核方面，不能生搬硬套，仍然需要结合田园综合体的特点设置绩效考核指标和考核办法。

【案例 7 – 3】

某田园综合体 PPP 项目

1. 项目基本情况

某田园综合体 PPP 项目（以下简称"本项目"）位于某县，以美食文化博物馆为核心，以景区项目及田园综合体基础设施项目为支撑，主要内容包含农业基础设施建设、交通及市政工程建设、公共服务工程建设、文化旅游项目建设、生态环境项目建设等。

具体来说，本项目建设内容分为三大块：一是田园综合体基础设施建设（包括蔬菜种植大棚、露天蔬菜种植基地、生猪养殖场及各项配套设施）；二是美食文化博物馆建设（包括豆制品、水花酒等9个主题馆及风情客栈、茶吧、商业街等配套商业设施）；三是景区建设（包括酒店、民宿等商业、公共配套设施；亲子活动区、跑马场、生态餐厅等活动场地；道路、骑行道、木栈道等道路工程；生态停车场、广场、人工湖等其他配套设施）。本项目总投资约××亿元，其中工程费约××亿元，工程建设其他费约××万元，预备费约××万元，建设期利息及流动资金约××万元。

2. 项目合作模式

本项目由某县人民政府（以下简称"某县政府"）发起，某县农牧局作为项目实施机构，一是负责本项目的准备、采购、监管和移交等工作；二是协助本项目的规划、环评、科研、立项、建设用地等各种前期手续；三是经某县人民政府授权，与社会资本签订《田园综合体PPP项目合同》；四是在项目合作期限内，对社会资本的投资建设、运营和维护等进行监管。

本项目采用PPP模式下的建设—运营—移交（BOT）方式实施运作，由某县政府授权的出资人与社会资本方共同设立注册地在某县的项目公司，由项目公司负责本项目的设计、投资、建设等事宜。在运营期限内，项目公司负责本项目的运营工作。本项目收益回报机制为"政府付费 + 可行性缺口补助"，项目公司通过经营项目收回部分投资，收益不足覆盖投资和合理回报，政府给予适当的可行性缺口补贴。补贴由实施机构对项目公司提供的公共服务进行绩效考核，政府方按照绩效考核结果依据PPP项目合同约定的考核标准、时间支付补贴费用。

3. 项目绩效考核

PPP项目的绩效考核应按照事先制定的绩效标准和指标体系，并运用数理统计、运筹学等科学方法进行评价。本项目的绩效考核参照如下原则执行：

（1）绩效考核主体及考核对象。绩效考核主体为政府方委托的项目实施机构及政府相关部门组织的绩效考核小组，考核对象为项目公司。

（2）项目公司在绩效评价工作中承担以下职责：一是提供工程绩效评价所需的有关资料；二是提供有关年度财务决算报表和审计报告；三是配合绩效考核小组开展项目现场考察。

（3）绩效考核层次：一是工程建设完成后的绩效考核，重点对项目工程质量、工期、安全等关键绩效指标进行考核，可以对本层次的考核设立相应奖惩机制以便促进社会资本建设成本的控制和建设效率的提高。二是项目阶段性的绩效评价，重点对项目运营、维护管理、公众满意度等方面进行综合评价，以绩效考核结果作为政府付费调整的依据，同时通过绩效考核加强项目运营的监管。

（4）考核时间：第一方面的考核设在工程竣工验收后，第二方面的考核在项目运营后每年进行。

（5）绩效考核指标：一是工程建设考核指标。包括但不限于：项目资金、建设工期、工程质量、工程安全、民工工资支付、政府满意度、公众满意度等。二是运营管理考核指标。包括但不限于：项目维护质量、政府满意度、公众满意度等。

（6）绩效评价标准。本项目建议采用计划标准进行考核。计划标准指将不同的考核指标设置相应的权重及打分标准，考核主体按照该预设的评分标准进行绩效打分评价。

（7）绩效评价方法：本项目考核包括竣工验收考核和运营绩效考核。实施机构协同相关职能部门按合同约定对本项目进行考核，项目公司应全力配合实施机构及相关部门的考核工作。

一是竣工验收考核项目的工程质量须符合国家、某省、某市相关质量验收标准及规范，且满足经批复的设计文件的要求，实施机构按照法定程序组织工程竣工验收，竣工验收通过即通过竣工验收考核。竣工验收考核通过，政府按照合同约定支付项目应付建设成本付费金额的70%。未通过竣工考核的，项目公司应按照要求进行整改、返工直至通过竣工考核，发生的相关费用由项目公司承担且不计入项目建设投资。

二是运营绩效考核每年考核一次，在合同约定政府付费的支付时间前，实施机构或其委托单位应完成运营绩效考核（运营绩效考核具体考核标准见表7-1）。运营绩效考核结果与应付建设成本付费金额的30%、应付运营维护成本付费金额挂钩，政府依据考核结果计算每期的可行性缺口补助的支付金额，计算方式为：实际的可行性缺口补助 = 可用性服务费×70% + 可用性服务费×30%×考核结果系数 + 运维成本×（1 + 合理利润率）×考核结果系数 - 使用者付费。

三是支付方式根据绩效考核评定结果，逐年支付本年度服务费，服务费到账时间为每一运营年度结束之日起60日内支付上一年度的可行性缺口补助（见表7-1）。

表7-1 运营期绩效考核标准

类别	项目	考核细则	标准得分	实际得分
管理目标 （5分）	完成率	完成计划95%及以上得5分	5分	
		完成计划90%得4分		
		完成计划80%得3分		
		完成计划70%得2分		
		完成计划60%以下不得分		
质量管理目标 （20分）	合格率 （10分）	合格率95%得10分	10分	
		合格率90%得8分		
		合格率80%得6分		
		合格率70%得4分		
		合格率60%以下不得分		
	环境监测部门抽检 合格情况（10分）	合格得10分，不合格不得分	10分	
安全管理目标 （10分）	重大人身、设备、 事故发生情况	发生一次重大人身、设备、事故扣10分	10分	
设备管理目标 （20分）	设备维修及时率 （10分）	设备维修及时率达到100%得10分	10分	
		设备维修及时率达到90%得7分		
		设备维修及时率达到80%得4分		
		设备维修及时率达到70%得1分		
		设备维修及时率低于70%不得分		
	设备管理台账齐全 （10分）	设备管理台账齐全得10分	10分	
		设备管理台账基本齐全得6分		
		设备管理台账不齐全未记录的不得分		
成本管理目标 （10分）	经营情况 报送及时率	经营情况报送及时率达到100%得10分	10分	
		经营情况报送及时率达到90%得7分		
		经营情况报送及时率达到80%得4分		
		经营情况报送及时率达到70%得1分		
环境管理目标 （10分）	环境管理情况	评定为优得10分、良好得7分、一般得4 分、差得1分	10分	
档案管理目标 （10分）	档案资料收集完善	评定为优得10分、良好得7分、一般得4 分、差得1分	10分	

续表

类别	项目	考核细则	标准得分	实际得分
基础管理目标 (15分)	劳动纪律、精神面貌（10分）	评定为优得10分、良好得7分、一般得4分、差得1分	10分	
	岗位卫生（5分）	评定为优得5分、良好得3分、一般得2分、差得1分	5分	
合计得分				

考核结果系数按表7-2确定。

表7-2 绩效考核评分及考核结果系数

绩效考核评分	考核结果系数
$80 \leqslant X \leqslant 100$	1
$70 \leqslant X < 80$	0.9
$60 \leqslant X < 70$	0.8
$X < 60$	0

（8）绩效报告。绩效报告是绩效评价系统的输出信息，每次考核后均应以正式书面绩效报告的形式呈现绩效考核结果。

（9）绩效评价结果。绩效评价结果应依法对外公开，接受社会监督，切实提高项目实施水平和效益。同时，政府方应将绩效评价结果作为PPP项目的财政补贴、收费标准、合作期限等重要内容调整的依据，可按合同约定具体调整条件和方式，保证公共利益最大化。

第八章　PPP项目绩效考核典型案例

某环境综合整治PPP项目绩效考核细则

绩效考核是某环境综合整治PPP项目（以下简称"本项目"）评价与监督的重要手段。通过对项目全面的总结，不断提高项目的施工、管理、运营的水平，达到合理利用资金、提高投资效益、改进管理、提高公共服务水平和质量的目的。未达到约定标准的，项目实施机构应执行PPP项目合同约定的惩处条款。

一、考评主体

本项目绩效考评主体为某市绿化工程管理处（以下简称"绿化工程管理处"），可由项目实施机构绿化工程管理处或其委托聘请的第三方专业机构进行绩效考核，编制绩效考核评价报告（包括绩效考核打分及扣分依据），绿化工程管理处应根据合同约定，监督社会资本或项目公司履行合同义务，定期检测项目产出绩效指标，编制季报、年报，并报财政部门（政府和社会资本合作中心）备案。

二、考评对象

项目公司/社会资本。

三、绩效考评指标体系框架

本项目的绩效考核体系包括三个方面，分别为建设期绩效考核指标、运营维护期绩效考核指标，以及移交阶段绩效考核指标。考核内容根据国家对景观工程、绿化工程、建筑工程、护岸工程、海绵城市专项、排水工程、景观照明工程、灯光亮化工程、监控及广播系统工程等现行的相关要求及规定进行编制，若国家政策、行业规范发生变动应相应进行调整。

四、建设期绩效考核

本项目可用性绩效根据对项目工程质量情况及项目完成时间进行考核。考核标准应符合下述规范要求。（略）

（一）建设期考评频率

1. 定期考评

本项目建设期为×××年零××个月，在进入建设期第××个月初进行第一次定期考评，在××××年××月××日前进行第二次定期考评，在××××年××月××日前进行第三次定期考评，建设期内共三次定期考评，按照项目建设期绩效考评指标的全部内容进行考核，每次考评单独计分。

2. 不定期考评

按照项目建设期绩效考评指标的一项或多项指标进行考核，每次临时检查所发现的问题由实施机构汇总并下发整改通知书。按规定时限和要求完成整改的，不计入当期定期考评扣分中；未按规定时限和要求完成整改的，或已经发生违约情形无法挽回或整改的，计入当期定期考评得分公式中的不定期考评累计扣分项。

3. 定期考评得分

每次定期考评基准分为 100 分。

每次定期考评得分 = 100 分 − 当期定期考评扣分 + 当期定期考评加分 − K ×当期不定期考评累计扣分

其中：

K：不定期考评累计扣分调整系数，按以下公式计算。

$$K = \frac{一个定期考评周期内发生不定期考评累计扣分的总次数}{一个定期考评周期内进行不定期考评的总次数}$$

注：一个定期考评周期内进行不定期考评的总次数 = 一个定期考评周期内发生不定期考评累计扣分的总次数 + 一个定期考评周期内不发生不定期考评累计扣分的总次数。

（二）建设期考评等级

根据建设期绩效考评得分，绿化工程管理处按下述要求提取建设履约保函的金额：

A 为建设期定期考评的当次得分；

B 为当次得分对应的提取建设履约保函的百分比。

建设期绩效考评等级为"优"：

当 A≥85 分时，政府按照合同约定不提取费用建设履约保函金额。

建设期绩效考评等级为"良"：

当 80 分≤A＜85 分时，政府按照合同约定提取费用建设履约保函 0～5% 金额（采用内插法）。

计算公式：

$$B = \left(\frac{85 - A}{5} \times 5\% \right) \times 100\%$$

建设期绩效考评等级为"中"：

当 70 分≤A＜80 分时，政府按照合同约定提取费用建设履约保函 5%～20% 金额（采用内插法）。

计算公式：

$$B = \left(5\% + \frac{80 - A}{10} \times 15\% \right) \times 100\%$$

建设期绩效考评等级为"差"：

60 分≤A＜70 分时，政府按照合同约定提取费用建设履约保函 20%～40% 金额（采用内插法）；

$$B = \left(20\% + \frac{70 - A}{10} \times 20\% \right) \times 100\%$$

建设期绩效考评等级为"不合格"：

A＜60 分，政府按照合同约定提取费用建设履约保函 50% 金额。由实施机构向社会资本发出退出警示。

社会资本严重违约，政府按照合同约定提取费用建设履约保函 100% 金额，经整改后仍未符合要求或无法采取任何补救或整改措施时，实施机构有权按照 PPP 合同中约定的"提前终止"启动退出机制。

社会资本所应提交的建设履约保函为见索即付保函，作为社会资本或项目公司履行在 PPP 项目合同下的投融资义务、建设义务和其他违约赔偿义务的担保。因社会资本违约原因造成损失的，实施机构提取建设履约保函项下款项后仍不足以弥补损失，有权向社会资本追偿。

五、运营维护期绩效考核

运营期内，由绿化工程管理处委托第三方专业机构对项目公司所提供的运营服务质量进行考核。考核采用日常考核、季度考核、随机巡查相结合的方式。运营期内若国家政策或行业规范变动，实施机构有权针对涉及变动的考核指标调整考核指标要求。考评主体或第三方专业机构在完成日常考核或季度考核后，应出具相应绩效考核评价报告，给出考核分数及扣分依据（附影像资料），并向社会公布，项目公司对考核分数情况存在疑问的在评价报告公布后 7 日内提出，经绿化工程管理处确认后可进行修改。

在项目运营期内，社会资本方有义务保证运营维护履约保函项下的金额保持 PPP 合同约定的 ×× 万元，若运营期考评中，项目公司发生违约行为达到提取运营维护履约保函条件时，实施机构提取该保函至低于该规定金额，社会资本方应当按照 PPP 项目合同约定在政府方提取后的 10 个工作日内将该保函恢复至该规定金额，且应向政府方提供运营维护履约保函已足额恢复的证据。社会资本方未在前述期限内补足或恢复履约保函相应金额的，每逾期一日政府方有权扣减未补足保函的万分之五，且政府方有权提取建设期履约保证金项下的余额，并有权提前解除 PPP 项目合同，收回社会资本方 PPP 项目合同项下的经营权。

社会资本所应提交的运营维护履约保函为见索即付保函，作为社会资本和项目公司履行在 PPP 项目合同下的项目运营维护和其他违约赔偿义务的担保。因社会资本违约原因造成损失的，实施机构提取运营维护履约保函项下款项后仍不足以弥补损失，有权向社会资本追偿。

（一）日常考核

日常考核每月进行一次，考评主体或第三方专业机构在考评工作完成后 3 天内出具日常考核评价报告，并将报告提交财政部门（政府和社会资本合作中心）备案。

主要考核项目设施的维护情况，满分 100 分，实行扣分制。

季度考核得分：每季度考核采用百分制，基准分为 100 分。季度考核得分 = 100 分 − 季度扣分 + 季度加分。

（二）随机巡查

绿化工程管理处与某市财政局可以随时对项目设施进行巡查，如发现缺陷，则需在 24 小时内通知项目公司。项目公司在接到通知后，应及时修复缺陷。巡查不进行打分。一般不作为项目公司违约情形处理，除非巡查时发现的缺陷会导致项目可用性破坏、公众利益受到严重影响，或存在重大安全隐患，项目公司应在规定的时间内完成整改或修复，经整改后仍未符合要求或无法采取任何补救或整改措施时，绿化工程管理处可根据合同兑取项目公司提交的运营维护保函或扣减可行性缺口补助支付金额××万元/每次。

（三）付费周期（季度）内最终考核汇总得分（付费依据）

本项目可行性缺口补助付费周期为每年按季度支付：绿化工程管理处应在季度绩效考核完成后 1 个月内根据绩效考核结果按效向项目公司支付当季可行性缺口补助（每年第四季度可行性缺口补助除外，第四季度绩效考核时间不变，支付时间与次年第一季度可行性缺口补助合并支付），其中 1 个月内，项目公司需在季度绩效考核完成后向绿化工程管理处提出支付申请，绿化工程管理处应在项目公司提出支付申请后审核支付申请及附件材料的完整性，并将申请材料递交至某市财政局审核，某市财政局在收到申请材料后完成审核。由某市财政局向绿化工程管理处拨付当季可行性缺口补助。每季度应支付可行性缺口补助占当年可行性缺口补助的25%。运营期内，首次及最后一次季度绩效考核，可能存在不足第一季度的情况，按实际运营天数/当季总共天数的比例进行季度可行性缺口补助支付计算。

其中：当年第一季度总天数为当年 1 ~3 月的天数总和，当年第二季度总天数为当年 4 ~6 月的天数总和，当年第三季度总天数为当年 7 ~9 月的天数总和，当年第四季度总天数为当年 10 ~12 月的天数总和。

当季实际支付的可行性缺口补助额计算公式如下：

$$Y = 70\% \times Y' \times B' + 30\% \times Y'$$

其中：

Y 表示当季实际支付的可行性缺口补助额；

Y' 表示当季的计算得出应支付的可行性缺口补助额。

本项目征地拆迁及电力迁改占项目建设总投资的比例约为30%，征拆投资部分不作为运营内考核部分，因此可行性缺口补助挂钩绩效考核比例为70%，其余30%按季直接支付。

B' 表示当期考核分数对应的支付百分比。

本项目运营期为×××年，暂定从××××年××月××日起至××××年××月××日。

本项目运营期从××××年××月××日开始计算，若项目公司提前完工则不增加运营期，政府不对增加的运营期给予补贴。若项目竣工时间晚于××××年××月××日，则以实际竣工时间作为运营期起始时间，总运营期不变，政府根据测算模型重新计算可行性缺口补助。

付费周期为每季度，付费周期内当期考核分数按每季度考核分数占权重50%，日常考核（季度）分数权重占50%进行计算，作为付费依据。

$$A' = JD \times 50\% + RC \times 50\%$$

其中：

A'表示当期考核分数；

JD表示季度考核分数；

RC表示日常考核（季度）分数。

考核均实行打分制，满分100分，并将评分结果分为"优""良""中""次""差"五个等级（具体标准以《PPP项目合同》约定为准），每个等级标准设定原则如下：①能够对项目公司形成有效激励，保证投入与回报的均衡性；②能够有效激励社会资本从项目全生命周期成本统筹考虑本项目的建设及运营维护，实现项目全生命周期成本的控制。

运营期绩效考评结果应与季度可行性缺口补助绩效挂钩部分即季度可行性缺口补助额的70%进行支付挂钩，对于运营维护服务未能达到绩效标准要求的，绿化工程管理处将按以下暂定的考评标准调整对项目公司的季度进行可行性缺口补助：

A'为当期运营期绩效考评最终得分；

B'为当期得分对应的支付当季可行性缺口补助额绩效挂钩部分的比例。

当期绩效考评等级为"优"：

当A'≥85分，按照100%支付当季可行性缺口补助额绩效挂钩部分。

当期绩效考评等级为"良"：

当80≤A'<85分，按照95%～100%支付当季可行性缺口补助额绩效挂钩部分（采取内插法）。

计算公式：

$$B' = \left(100\% - \frac{85 - A'}{5} \times 5\%\right) \times 100\%$$

当期绩效考评等级为"中"：

当70≤A'<80分，按照80%～95%支付当季可行性缺口补助额绩效挂钩部分（采取内插法）。

计算公式：

$$B' = \left(95\% - \frac{80 - A'}{10} \times 15\%\right) \times 100\%$$

当期绩效考评等级为"差"：

当 $60 \leqslant A' < 70$ 分，按照 $60\% \sim 80\%$ 支付当季可行性缺口补助额绩效挂钩部分（采取内插法）；

计算公式：

$$B' = \left(80\% - \frac{70 - A'}{10} \times 20\%\right) \times 100\%$$

当期绩效考评等级为"不合格"：

当 $A' < 60$ 分，绿化工程管理处可根据项目 PPP 合同相关约定提取项目公司提交的运营维护保函中的全部金额。暂停支付当季可行性缺口补助额绩效挂钩部分，并责令项目公司限期整改，整改合格后，绿化工程管理处按 50% 的当季可行性缺口补助额绩效挂钩部分支付。

连续两次绩效考核平均总分 < 60 分的；发生安全事故的，由安监部门认定为重大事故及以上的；发生重大环境污染事故的，属于社会资本违约行为，政府方有权提取运营维护履约保证金项下的所有金额，并有权提前解除 PPP 项目合同，按照 PPP 合同中约定的"提前终止"启动退出机制，社会资本退出，项目由政府临时接管。

六、移交绩效考评

绿化工程管理处有权按届时有效的移交绩效考核指标，向项目公司移交项目情况进行量化考核。如未达到移交考核标准时，绿化工程管理处可根据考核办法约定提取项目公司提交的项目移交履约保函中的相应金额。垃圾桶、标识牌、健身器材、儿童游乐设施、广播系统、座椅、建筑和给排水的大修费用由项目公司承担。最后一年进行一次大修，大修方案报实施机构审核，大修费用据实结算，大修费用由政府方承担。

项目移交绩效考评指标。（略）

根据移交绩效考评得分，绿化工程管理处按下述要求提取移交履约保函的金额：

A'' 为当期移交绩效考核总分；

B″为当期得分对应的提取移交履约保函金额的比例；

A″≥90 分，按照合同约定不提取费用移交履约保函的金额；

80≤A″<90 分，按照合同约定提取费用移交履约保函的 0%~10%（采取内插法）。

计算公式：

$$B'' = \left(\frac{90 - A''}{10} \times 10\% \right) \times 100\%$$

70≤A″<80 分，按照合同约定提取费用移交履约保函的 10%~30%（采取内插法）。

计算公式：

$$B'' = \left(10\% + \frac{80 - A''}{10} \times 20\% \right) \times 100\%$$

60≤A″<70 分，按照合同约定提取费用移交履约保函的 30%~60%（采取内插法）。

计算公式：

$$B'' = \left(30\% + \frac{70 - A''}{10} \times 30\% \right) \times 100\%$$

A″<60 分为不合格，按照合同约定提取费用移交履约保函 100% 金额。

七、退出机制

绩效考核过程中若发生以下事项，属于社会资本严重违约行为，政府方有权解除 PPP 项目合同，按照 PPP 合同中约定的"提前终止"启动退出机制，社会资本根据 PPP 项目合同约定退出，项目由政府方临时接管。

（1）如无不可抗因素，在合同约定工期未能完工并交付使用，工程质量未达标的。

（2）发生安全事故的，由安监部门认定为重大事故及以上的。

（3）发生重大环境污染事故的。

（4）连续两次绩效考核平均总分<60 分时。

案例来源：中至远 PPP 大讲堂，http：//www. sohu. com/a/216721502_ 100053329.

某污水处理 PPP 项目绩效考核

2015 年，某市决定新建一座污水处理厂，工程建设规模为××万立方米/天，总投资额约××万元。按照 PPP 操作流程，某市政府与某社会资本达成 PPP 项目合作。政府与社会资本双方经过充分协商，就某市政府污水处理 PPP 项目（以下简称"本项目"）建设运营等相关事宜达成如下意见：

一、某市政府的权利和义务

本项目中，某市政府的权利和义务为：授予某社会资本特许经营权；按时向某社会资本支付污水处理运营费；特许经营期内，协助某社会资本办理有关政府部门要求的各种与本项目有关的批准文件和保持批准有效；无偿提供特许经营年限内污水处理厂规划的 50 亩土地使用权给某社会资本（仅供污水处理项目使用）。

二、某社会资本的权利和义务

本项目中，某社会资本的权利和义务主要有：特许经营期内享有特许经营权；在特许经营期内自行承担费用、责任和风险，负责项目的全部投资、融资、建设以及项目设施的运营与维护；获得中水经营收入；接受政府部门的行业监管，服从社会公共利益，履行对社会公益性事业所应尽的义务；确保在特许经营期内的任何时候污水处理按照双方约定达标排放，如不达标造成排污罚款全部由某社会资本承担。

三、进出水指标要求

（一）进水标准

根据某市政府的规划原则，污水大部分为生活污水，另有少量工业污水。重污染企业废水排放首先必须进入企业内污水处理站预处理，达到标准后方可排入市政排水管网。为使建成后的污水处理厂运行正常，出水水质稳定、合格，某市政府和当地环保部门应严格要求并监督各企业排放的工业废水，超标部分必须先经预处理，使其达到《城镇污水处理厂污染物排放标准》（GB18918—2002）和《污水排入城市下水道水质标准》（CJ3082—1999）中规定的允许值，再排入城市排水管网，并严禁有毒有害重金属的超标排放。如污水处理厂的进水水质超出以上标准，某社会资本有权拒绝处理该污水。某市政府有义务监督相关部门解决污水处理厂进水水质，否则出现影响污水处理厂运行、出水超标的问题，某社会资本不承担责任。

（二）出水指标

根据污水处理厂的环境影响报告和环保部门要求，按照《城镇污水处理厂污染物排放标准》（GB18918—2002）规定，对排入Ⅲ类水域的污水厂应执行一级A排放标准。在排污口安装在线监测设施，并与省、市、县环保部门联网。

四、项目的运营及维护

（一）运营和维护的基本原则

某社会资本应确保在整个运营期内，始终根据下列规定运营并维护污水处理项目实施：一是国家和地方现行的企业运行的有关法律法规，污水处理的有关法律法规；二是协议中规定的质量保证、质量控制和安全生产的要求；三是运行维护手册以及污水处理项目内设备制造商提供的说明手册和指导；确保污水处理项目管网及厂区所有设备始终处于良好营运状态，并能够安全稳定地处理污水和污泥，使其达到排放标准；在特许经营期内，某社会资本应只对某市政府收集的污水提供处理。未经某市政府事先书面同意，不得接受任何第三方的污水进行处理。

（二）某市政府的主要责任

某市政府应如期达到特许经营协议规定的基本水量和进水水质，即每一个运营日内平均日污水量为 2 万立方米以内，进水水质符合特许经营协议的规定。在整个特许经营期内，应督促某社会资本认真执行国家行业标准以及特许经营协议约定的出水质量标准。

（三）某社会资本的主要责任

从开始商业运营之日起，某社会资本应连续接受和处理污水，将从接收点排入的进水经处理达到出水质量标准后，达标排放。如果进水水量超过特许经营协议规定的污水处理项目设计处理能力，某社会资本应及时通知某市政府，同时提出拟采取的对超量污水进行处理的措施。通知发出 15 个工作日内某市政府没有表示意见，则被视为同意某社会资本的措施建议。某社会资本应对污水处理设施的状况及性能建立定期检修保养制度，对各项设施的图纸资料进行收集、归类和整理，完善公用设施信息化管理系统，保持水处理设施处于良好的使用状态，并在某市政府的要求下将设施运行情况报告给某市政府。

某社会资本在日常生产经营活动中，应充分考虑环境影响，维护生态环境。

某社会资本应建立完善安全生产制度和意外事故的应急机制，并按要求定期进行应急预案演练；某社会资本应保障生产和服务的稳定和安全，防止事故发生。如发生重大意外事故，某社会资本应及时通报某市政府，并尽最大人力、物力进行抢救，尽快恢复生产与服务；在事故影响期间，某社会资本应采取各种应急措施进行补救，尽量减少事故对公众的影响。

（四）运行及维护手册

在开始商业运营之前，某社会资本应编制运行及维护手册，该手册应包括生产运行、日常维护、设备检修内容和频率等。

（五）暂停服务

如果发生计划内暂停服务，某社会资本应提交下一年度维护计划，重大维护和更新内容上报某市政府。某市政府应在预计的计划内暂停服务开始之前给予书面答复或批准，某社会资本应尽最大努力使计划内暂停服务的影响降低到最小以使设施的处理能力在计划内暂停服务期间维持不少于 50% 的设计处理能力。每次暂停服务不得多于 7 天，如暂停运营超过 20 天，每超过一天扣除当天运营费的 50%。

（六）环境保护

某社会资本应始终遵守有关公共卫生和安全的适用法律法规及特许经营协议的规定。不应因项目设施的建设、运营和维护而造成污水处理厂场地周围环境的污染。在项目设施的建设、运营和维护期间应采取一切合理措施来避免或尽量减少对项目设施周围建筑物和居民区的干扰。

五、污水处理运营费

（一）污水处理运营费

某市政府在本项目启动的同时，按日处理单位运行费用成本，财政将全年的污水运营费用列入本年度成本。在运营期内，运营费用实行动态管理，根据《建设项目经济评价方法与参数》有关财务内部收益率和投资回收期的要求，暂确定污水处理厂正常运行的基本费用为××元/立方米。

（二）污水处理运营费单价调整

每隔三年，根据国家物价综合指数的上涨幅度，某市政府和社会资本共同协商并确定运营费的上调比例。

（三）污水处理运营费的支付

污水处理运营费按月向某社会资本支付。某市政府每月 10 日以前（非工作日除外），将上月污水运营费划拨到某社会资本发起成立的项目公司账号上。特许经营协议项下的任何费用一律以人民币支付。

（四）污水进水水质超标

如果污水进水水质超过特许经营协议规定的标准，致使某社会资本不能履行要求的，某社会资本应立即通知某市政府。如果由于某市政府责任造成进水水质超标，某市政府应向某社会资本给予适当补偿：某社会资本有能力处理，则某市政府应补偿因增加处理所造成的成本增加部分；某社会资本没有能力处理，并持续 15 天，由某市政府和社会资本双方共同协商处理办法，制定改造方案，经某市政府同意后实施，改造费用由某市政府承担。在新的改造方案完成前，按特许经营协议中的规定调整出水指标，并豁免由此造成某社会资本的出水水质超标的责任。

（五）更改出水排放标准

因执行某市政府要求改变污水处理出水水质标准，造成运行成本的增加或资本性支出，某社会资本有权获得相应的赔偿。

某县道路 PPP 项目绩效考核

一、项目基本情况

某县道路 PPP 项目（以下简称"本项目"）包含道路工程、排水工程、电力管线土建工程及交通工程中的道路标线施划等建设内容，由项目公司负责投资建设。

根据政府方授权批准，政府授予中标社会资本在特许经营期内独家的权利：

一是投资、融资、建设和运营本项目；二是获得政府方支付的购买服务费用；三是本项目在运营期满时无偿移交政府指定机构。本项目回报方式为：社会资本通过在经营期内获得政府购买服务费用，取得相应回报。包括可用性服务费及运维绩效服务费。政府购买服务费用由县财政逐年向项目公司支付。县政府及时安排县财政将支付可用性服务费及运维绩效服务费纳入年度预算和中期财政规划，并通过县人大对预算的审批，保障项目服务费用的及时支付。

在 PPP 项目合同签署前，社会资本应向政府提交双方都能接受的信誉良好的金融机构出具的见索即付履约保函，以保证社会资本履行 PPP 项目合同项下各项义务。该履约保函金额为项目投资额的 10%。政府方不负担履约保函的一切费用及利息。如政府根据 PPP 项目合同约定兑取部分或全部履约保函，社会资本应在政府通知其兑取之后 5 个工作日内将履约保函的数额恢复至约定的金额，并向政府出示其已经恢复履约保函数额的证据，否则政府有权提前终止 PPP 项目合同。本项目工程竣工验收后 10 个工作日内，政府应向社会资本退还履约保函。

二、工程建设

（一）建设期和工期

本项目计划开工日期为×××年××月××日，计划竣工日期为××××年××月××日。建设期计划为××个日历日。社会资本应确保本项目于计划竣工日建设完工。

（二）质量标准

本项目应符合建设部有关市政道路工程相关质量验收规范的合格标准及项目相关技术标准和要求、设计文件要求。具体以国家最新颁布的标准及项目相关技术标准和要求为准。

社会资本应按照国务院颁布的《建设工程质量管理条例》的要求，建立与落实工程质量领导责任制，严格执行建设程序，强化施工管理，加大施工监督与物料设备质量验收力度，并承担《建设工程质量管理条例》规定的责任，确保本项目工程达到 PPP 项目合同约定的质量标准。

（三）工程施工总承包单位、专业分包单位的选择

（1）本项目工程施工总承包由具备符合工程建设要求、实施能力、企业资质的社会投资人承担。由项目公司与该社会投资人签署《施工承包合同》。对于未达到施工图设计深度，如果社会投资人不具备建设资质，项目公司应按国家有

关规定另行招标，确定施工单位。

（2）专业分包单位必须通过合法程序选择有相应资质的、有经验的单位。

（四）工程建设管理

（1）社会资本应严格依据本项目的约定工期实施项目建设。项目建设期内，社会资本应按月向地方政府提交工程建设进度报告，并详细说明项目工程进度情况和对政府合理要求的其他事项处理情况。

（2）特许经营期内，政府和社会资本双方中如果一方合理地预计项目下一个关键工期将延误，该方应及时通知另一方并合理地详细描述以下情况：一是预计无法达到的关键工期；二是预计延误的原因，包括对声明为不可抗力事件的情况描述；三是所预计的可能超出关键工期的天数和其他可合理预见的对项目不利的影响；该方已经采取或建议采取的解决或减少延误及其影响的措施。如果一方未向另一方发出上述通知，该方应承担另一方因此而可能直接发生的任何费用。

（3）社会资本提前完成建设任务，按每天××万元的标准获得奖励，但总额不超过××万元。

（4）质量保证和质量控制。在项目工程建设开始之前，社会资本应制定和执行工程质量保证和质量控制计划，并在工程建设进度月报中同时反映工程质量监控情况，同时提供完整的反映工程建设质量控制结果的文件。在不影响社会资本正常履行 PPP 项目合同义务的情况下，政府方有权采取定期检查或不定期抽查等方式，对社会资本及任何承包商的质量控制过程及方法进行监督，以确保工程的建设符合有关的质量要求。社会资本对该等检查应予以协助并提供必要的便利。

（5）施工组织与环境保护。社会资本应要求承包商提交经工程监理方审定的现场施工组织计划。该施工组织计划应包括详细的施工进度表、关键路线图、人员组织、技术力量和施工机械的配备情况等。同时社会资本应将施工组织计划报政府备案。项目施工期间，社会资本应根据适用法律所规定的环保标准，采取措施，避免或最大限度地减少对周边设施和周围环境的损害。

（6）安全生产。社会资本应建立健全安全生产制度，落实安全措施，完善安全应急预案，实行安全责任法人负责制。政府方有权定期和不定期对本项目安全生产情况进行检查。

（7）工程建设保险。社会资本应为本项目建设工程购买建筑工程一切险、安装工程一切险、建筑施工人员团体意外伤害保险，及其他通常的、合理的或者中国法律、法规要求所必需的保险。

（五）工程建设期监管

政府方有权在项目建设期内对建设工程其他实施情况进行监督，政府方应确保该等监督和检查不影响本项目进度计划，并承担监督和检查的费用。如果检查质量不合格，政府方委托第三方检测的费用由施工单位承担。社会资本应对政府方的监督检查提供必要的支持、便利和协助。如果项目建设工程严重不符合 PPP 项目合同相关要求，政府方有权就此通知社会资本，并要求社会资本采取措施补救或修正。

（1）项目建设总体进度监管：项目建设进度由监理机构实施监管，监理机构监控资金筹措、项目执行情况等，及时发现问题，及时统筹协调采取应对、补救措施。

（2）项目特许经营期内，政府方依照发改投资〔2014〕2724 号文和财金〔2014〕113 号文等政策要求，指定有关部门对本项目合作情况进行 1~2 次中期评估。

三、项目验收

依据适用法律、法规及行政规章等对本项目工程组织竣工验收，社会资本按要求及时完成竣工验收备案工作。政府方依照国家及地方关于建设工程竣工验收管理的相关规定，对本项目执行竣工验收工作。

四、工程保修

社会资本为本项目工程保修的第一责任方。社会资本依照适用法律、法规、行政规章，与施工方约定其承担工程质量保修责任，项目缺陷责任期不得低于法定最低年限。项目缺陷责任期间，因施工方造成的项目工程缺陷、损坏等工程质量问题，由社会资本追索施工方按约定进行修复至满足验收标准，并承担相应费用；其余原因造成的工程缺陷、损坏，以及由此造成的人身财产损失，由社会资本承担。

五、项目运营及维护

（一）项目运营维护期限

本项目的运营期限自项目竣工验收后次日开始计算，至特许经营期限期满时止。

（二）项目运营维护范围

本项目的运营维护范围包括项目涉及的道路工程、排水工程、电力管道土建工程、交通标线以及路面卫生保洁等，由项目公司负责运营维护及管理。

（三）项目竣工后档案资料

社会资本应在本项目竣工验收完毕后 20 个工作日内，将本项目工程相关档案资料文本原件一并移交给政府方指定的档案管理部门备案。相关档案资料文本，均需满足真实、完整、清晰的标准。

（四）社会资本运营期责任

（1）本项目运营期内，社会资本向政府方指定机构移交资产之前，在其运营维护范围内承担施工方所履行保险责任之外的本项目的全部维修维护责任，以确保本项目充分满足使用功能。

（2）在社会资本向政府方指定机构移交实物资产之前，应根据项目工程类别，按照国家法律法规规章、适用的技术标准规范对本项目进行维护。

（3）在实物资产移交前，社会资本为本项目维护的第一责任人。社会资本可以通过委托协议委托其他单位进行项目维修维护。

（4）运营期政府监管

政府方有权按某县现行市政维护管理的相关规定、内部考核细则及合同约定进行监管。监管方可单独委托具备资质的第三方对主要设备和道路等质量进行检测，如果不合格，由社会资本承担检测修复和更新费用。如果社会资本未在规定时间内完成修复和更新，监管方可自行修复和更新，其费用从政府支付的可用性服务费中扣除。

（五）运营期维护支出

社会资本因履行 PPP 项目合同所约定义务而形成的维修、养护支出，由社会资本自行筹集所需资金并承担费用。

（六）运营维护绩效考核标准

本项目运营期内，社会资本的运营维护标准应符合《城镇道路养护技术规范》（CJJ36—2006）及国家和地方相关标准、规范要求。运维绩效服务费由县财政根据绩效评价结果按年向项目公司支付。运维绩效服务费包括维护成本、税费、其他支出以及必要的合理回报，支付上限共计为××万元；运维费按年度考核支付，实际支付按照运维绩效服务费优惠率×%及运维绩效考核结果进行支付

（1 年缺陷责任期）（各年运维绩效服务费支付上限费用见表 8 – 1）。

表 8 – 1　运维绩效服务费上限费用表　　　　单位：万元/年

序号	运维绩效服务费	备注
1		
2		
3		
4		
5		
6		
7		
8		
9		
10		
合计		

注：运维绩效服务费优惠××% 为运维绩效服务费上限费用的下浮百分比；各年实际运维绩效服务费支付上限费用＝各年运维绩效服务费上限费用×（1 – 运维绩效服务费优惠率）；政府每年实际支付社会资本阶段运维绩效服务费用＝各年实际运维绩效服务费支付上限费用×（年度评价总分÷95）。

六、项目移交

（1）项目运营期满后移交。

社会资本应在本项目运营期结束之后 20 个工作日内，将本项目无偿移交给政府，本项目前期工作、设计施工、竣工验收、审计决算、保修责任履行、运营维护等相关档案资料文本原件一并移交。

（2）社会资本向政府移交的项目相关档案资料文本，均需满足真实、完整、清晰的标准。

（3）政府与社会资本按下述程序落实本项目运营期满后移交工作：一是社会资本整理核对相关运营维护设备及文档资料，编制交接清单；二是政府与社会资本就所交接文档资料，按交接清单逐一核对，确认无误签署项目文档资料移交确认书；三是政府与社会资本根据运维绩效考核标准，共同组织开展项目工程实体终期验收，经确认无误后签署工程实体移交确认书。

七、付费机制

（一）政府购买服务费用

政府购买服务费由项目可用性服务费及运维绩效服务费组成。可用性服务费在运营期内由政府逐年向社会资本支付。可用性服务费包括项目建设总投资、融资成本、税费、其他支出及必要的合理回报。运维绩效服务费在项目缺陷责任期满后开始支付，由政府根据绩效评价结果按年向项目公司支付。运维绩效服务费包括维护成本、税费、其他及合理的回报（见表8-3）。

表8-2 经营期内各年的购买服务费用 单位：万元

	年度服务费合计	年度可用性服务费	年度运维绩效服务费
第1经营年			
第2经营年			
第3经营年			
第4经营年			
第5经营年			
第6经营年			
第7经营年			
第8经营年			
第9经营年			
第10经营年			
合计			

注：购买服务费为可用性服务费与运维绩效服务费之和。

本项目年度可用性服务费在运营期内由县财政逐年支付。本项目年度可用性服务费综合考虑约定项目公司承担的投资、建设期及运营期年限、税费等边界条件，分别进行测算。

运维绩效服务费在运营期第一年完后开始支付，由县财政根据绩效评价结果按年支付。运维绩效服务费包括维护成本、税费、其他及合理的回报。

（二）支付时间

在本项目的运营期内，自支付期限起始日起，每一年内安排一次支付。

（三）支付金额及方式

（1）政府购买服务费用结合政府方的绩效评价及考核结果进行确认。每次支付金额＝年度可用性服务费用＋绩效考核确认的年度运维绩效服务费。

（2）每次支付时，由社会资本向政府方提交付款申请，经政府方审核后方可支付。政府方在接到社会资本提交的付款申请十个工作日内应完成审核工作。社会资本应根据审核的付款申请向政府方开具合法票据。政府方在收到票据后，应在十个工作日内完成付款程序。

某特色小镇 PPP 项目绩效考核

一、项目基本情况

2016 年 7 月，住建部、国家发改委、财政部联合发布通知，决定在全国范围开展特色小镇培育工作，提出到 2020 年培育 1000 个左右各具特色、富有活力的休闲旅游、商贸物流、现代制造、教育科技、传统文化、美丽宜居的特色小镇。

某市根据自身资源禀赋和区位优势，充分利用家居文化和生态旅游资源优势，精准定位产业布局，推动家居产业向做特、做精、做强发展，加快打造某市国际家居特色小镇，并采取 PPP 模式。

某市家居小镇 PPP 项目（以下简称"本项目"）为新建项目，某市某区建设局为本项目的实施机构，负责项目的准备、采购、监管和移交等工作，代表某市某区人民政府与项目公司签订《PPP 项目合同》，履行约定的权利和义务。某市某区人民政府授权某区城市建设发展集团有限公司为本项目的政府方授权出资代表，与中选社会资本按约定出资比例成立项目公司，并享受相应的权利和承担相应的义务。

本项目以家具创意设计、展示体验、品牌运营为主导产业，带动形成以家具创意中心、数字中心、VR 展示中心等为主体的家具文化与配套产业，以及以文化街、民俗街、酒吧茶吧书吧等为主体的文化旅游产业，逐步形成功能完善、配套齐全、文化氛围浓厚的家具创意与体验特色小镇。

本项目总投资约××亿元，回报机制采用"使用者付费＋可行性缺口补助"。项目公司获得一定的经营性收入但不足以弥补建设、运营成本和投资合理收益的情况下，由某市某区人民政府提供可行性缺口补助。经绩效考核后确定的可行性缺口补助所需的财政资金纳入区本级一般性财政支出预算及财政中长期财政预算，这使得社会资本投资本项目的投资回报有保障。

运营期内，项目公司通过自行运营或委托第三方机构进行运营维护管理，提供本项目范围内所有建筑物、构筑物、配套及附属设施等内容的运营、管理和维护服务等，并通过提供租赁服务等形式获得使用者付费；同时根据《PPP项目合同》约定结合绩效考核情况从政府方获得可行性缺口补助。

二、可行性缺口补助支付方式

本项目中各个子项目竣工验收后，分别进入运营期。政府方在各个子项目进入运营期后每年支付一次，每年底按照《PPP项目合同》的约定并依次执行调整机制、绩效考核机制核算当年政府支付规模，在第二年的6月30日前按照政府有关部门审核认定的支付规模再行支付。

可行性缺口补助具体支付标准、方式及时间以《PPP项目合同》约定为准。

三、绩效考核机制

本项目通过竣工验收正式进入运营期后，某市某区建设局根据绩效考核评分办法进行日常监管考核，据此得出绩效考核评分，并根据绩效考核机制实际核定年度政府支付规模。

（一）考核原则

坚持公开、公平、公正和量化数据考核为主的原则，坚持日常考核和定期考核相结合的原则，坚持考核与评议相结合的原则，坚持奖罚并重的原则。

（二）考核对象及内容

考核对象：项目公司

考核内容：项目本体及附属设施的维护、运行、应急保障措施及客户满意度等。

（三）考核组织

某市某区建设局负责联合行业主管部门等组织考核工作。考核分为定期考核、随机考核及监督考核：

（1）定期考核：占总分值的80%。定期考核在项目公司向政府相关部门提交运维报告后 5 日内进行，并在 7 个工作日内完成。定期考核覆盖全部运营范围内容。

（2）随机考核：占总分值的 20%，在每个考核周期内频次不低于 1 次，政府方可以随时自行考核项目公司的运维服务绩效，如发现缺陷，则需在 24 小时内以书面形式通知项目公司。项目公司在接到政府的书面通知后，应在绩效考核要求的时间内修复缺陷。

（3）监督考核：出现社会媒体曝光、公众举报等情形，经调查情况属实的酌情扣减考核得分。

无论是定期考核、随机考核还是监督考核，项目公司皆应及时修复缺陷。对于项目公司怠于或延迟修复缺陷/整改的，区建设局可根据《PPP 项目合同》提取项目公司履约保函中相应金额。

本项目可行性缺口补助根据绩效考核得分情况支付（见表 8-3 和表 8-4）。

表 8-3　项目绩效考核得分情况

考核综合得分	绩效系数 S	可行性缺口补助付费额
(80, 100)	100%	可行性缺口补助 ×100%
(70, 80)	90%	可行性缺口补助 ×90%
(60, 70)	80%	可行性缺口补助 ×80%
(0, 60)	≤60%	酌情支付，且不得高于可行性缺口补助 ×60%

注：得分在 60 分以下，项目公司须在区建设局规定的时间内整改合格，并通过验收，区建设局再根据考核情况确定绩效考核系数 S 并酌情支付。

表 8-4　子项目 1 运营期绩效考核指标

序号	绩效指标	考核办法	分值
1	公司制度执行	严格执行公司管理、采购、销售、安保等制度，最高得 8 分；执行不到位，但积极改进，最高得 5 分；出现重大问题，不得分	8
2	财务健康	运营过程中跟踪审计，审计结果无异常，最高得 8 分；有待修正及改进，最高得 5 分；财务问题突出，不得分	8
3	设施养护	项目本体及附属设施整洁有序，修复及时，最高得 40 分；有明显瑕疵，但及时改进修复的，最高得 25 分；出现重大负面问题，不得分	40

续表

序号	绩效指标	考核办法	分值
4	经营管理	项目经营管理符合项目公司审批通过的经营计划和管理要求的，最高得16分；基本符合公司经营计划和管理要求但未实现指标计划的，最高得10分；项目公司经营情况严重不符合经营计划和管理要求的，不得分	16
5	运营安全	运营过程中无人员、财产等安全事故发生，最高得10分；发生轻微安全事故，处理得当且无人员伤亡，最高得6分；发生重大安全事故，不得分	10
6	环境保护	运营过程中无环境污染、破坏等问题，最高得8分；发生轻微环境问题，但处理得当，最高得5分；发生重大环境问题，不得分	8
7	社会稳定	无群众投诉、社会稳定，最高得10分；群众投诉，但妥善解决，最高得8分；群众投诉，解决迟缓，6分；群体性事件，不得分	10
8	合计		100

四、建立健全基于绩效的支付机制

选定专业的中介咨询机构编制政府、使用者共同参与的综合性评价体系，对项目的绩效目标实现程度、运营管理、资金使用、公共服务质量、公众满意度等进行绩效评价。绩效评价结果应依法对外公开，接受社会监督。根据评价结果，依据《PPP 项目合同》约定对价格或补贴等进行调整，激励项目公司通过管理创新、技术创新提高公共服务质量。

参考文献

［1］Henjewele C. , Sun M. , Fewings P. Analysis of Factors Affecting Value for Money in UK PFI Projects ［J］. Journal of Financial Management of Property and Construction, 2012, 17 (1)：9 – 28.

［2］K. Strong, S. Chhun. Complex Governance System Issues for Transportation Renewal Projects ［J］. Urban Planning & Transport Research An Open Access Journal, 2014, 2 (1)：233 – 246.

［3］PPP 项目中期评估以及绩效评价具体操作要求 ［EB/OL］. 中国资产评估协会, http：//mini. eastday. com/mobile/180206111652115. html.

［4］陈宏能. PPP 项目 "按效付费" 绩效评价的必要性 PPP 项目争端解决, http：//mini. eastday. com/a/180524080728125. html.

［5］陈龙. PPP 项目绩效评价研究综述 ［J］. 财政科学, 2017 (4).

［6］程亮, 王佳宁. 加强 PPP 项目绩效评价 ［N］. 中国环境报, 2015 – 06 – 11.

［7］褚昭华, 李之昊. BIM 对于 PPP 项目全生命周期可视化绩效管理的协同效应 ［EB/OL］. https：//mp. weixin. qq. com/s?_ biz = MzAwNjYwMzY4Mg % 3D% 3D&idx = 5&mid = 2650231489&sn = 2dbec67da4a25a9328aa38c535f920eb, 2017 – 08 – 05.

［8］崔德高. PPP 项目执行阶段操作指南绩效考核实例 ［M］. 北京：法律出版社, 2018.

［9］崔杰. 基于平衡计分卡的 PPP 项目绩效评价体系建设探讨 ［J］. 大经贸, 2016 (5).

［10］高洪显, 郑思海, 秦亚飞. PPP 项目绩效评价体系构建 ［J］. 合作经济与科技, 2016 (24).

［11］高喜珍, 陈通. 基于可持续发展的公共投资项目评价指标体系构建

［J］．统计与决策，2008（1）：67－69．

［12］黄小利，孙庭，李骏，杨司琪，何应时．PPP 项目中期评估机制探析［J］．中国工程咨询，2017（4）：38－41．

［13］姜楠，张芳．PPP 项目绩效评价实务探讨之评价主体研究，http：//www. sohu. com/a/22867617_480400．

［14］靳林明．韦小泉．关于 PPP 项目第三方绩效考核的一些思考［EB/OL］．财政府部 PPP 中心，2018－04－10．

［15］林晓东．全面看待 92 号文中的——按绩效付费机制［EB/OL］．http：//www. sohu. com/a/209837733_480400．

［16］刘向杰．政府行为影响财政性融资项目绩效的实证研究［J］．建筑经济，2010（11）．

［17］鲁班软件．BIM 技术在商登高速郑州境段跨南水北调总干渠特大矮塔斜拉桥中的应用［EB/OL］．https：//www. sohu. com/a/225595980_450920，2018－3－15．

［18］罗伯特·S. 卡普兰．组织协同：运用平衡计分卡创造企业合力［M］．北京：商务印书馆，2006．

［19］马占新．数据包络分析模型与方法［M］．北京：科学出版社，2010．

［20］彭德艳，赵伟．公共投资绩效评价方法的比较和选择［J］．绿色财会，2011（10）：19－23．

［21］邵学军，李兵．关于 PPP 项目征迁费分担的合规性评析及管控建议［EB/OL］．http：//www. zhonglun. com/Content/2017/11－14/1636452160. html？from＝groupmes sage&isappinstalled＝0．

［22］申玉玉，杜静．公共项目采用私人主动融资模式的资金价值分析［J］．建筑管理现代化，2008（3）．

［23］水藏玺，冉斌，唐晓斌．绩效指标词典［M］．北京：中国经济出版社，2005．

［24］孙斌．BIM 技术的现状和发展趋势［J］．水利规划与设计，2017（3）．

［25］汤明旺．PPP 项目绩效考核的三种类型分析——以水环境综合治理为例［EB/OL］．中国水网，http：//www. h2－china. com/news/view？id＝267299&page＝2．

［26］汤秀英．平衡计分卡视角下 PPP 项目绩效评价体系建设探讨［J］．企

业改革与管理，2016（4）.

［27］童玫. PPP 模式的核心：绩效激励设计［J］. 中国投资，2015（9）.

［28］王增忠，范立础，张学清. 公私合作制项目特许期的确定方法［J］. 上海师范大学学报（自然科学版），2008，37（1）：68－73.

［29］徐向东，刘新晶，倪杨. 绩效评价指标设置须考虑全生命周期［EB/OL］. http://www. cfen. cn/sjd/jx/201708/t20170810_ 2670408. html.

［30］杨中宣，杨洋洋. 基础设施 PPP 项目绩效评价研究综述［J］. 科技创新与应用，2017（19）：142－143.

袁霞. PPP 项目绩效评价研究综述［J］. 经营管理者，2016（11）.

［31］张江波. BIM 的应用现状与发展趋势［J］. 创新科技，2016（1）：83－86.

［32］张燎. 政府公共项目绩效评价研究［D］. 上海：复旦大学，2008.

［33］张龄兮. 对于发展 PPP 项目绩效评价的几点思考［J］. 财经界（学术版），2016（14）：146－146.

［34］赵朴花. PPP 项目绩效考核相关问题探讨［EB/OL］. http://www. ccgp. gov. cn/PPP/llyj/201711/t20171103_ 9099522. htm.

［35］赵琰，王建东，陈志鹏，解然. PPP 项目绩效评价指标体系及综合评级模型研究［J］. 会计之友，2018（4）：110－115.

［36］赵周杰. PPP 项目绩效评价系列研究（一）——相关政策回顾与分析［EB/OL］. http://www. sohu. com/a/251476294_ 480400.

［37］钟荣华. 浅谈 BIM 在国内应用的现状和发展趋势［EB/OL］. https://wenku. baidu. com/view/6531461d19e8b8f67d1cb9ab. html，2016－09－22.

［38］朱霞. 轨道交通 PPP 项目绩效评价应注意哪些要点，http://www. cfen. com. cn/dzb/dzb/pagd_ 5/201708/t20170810_ 2670271. html.